ものづくり中小企業のための

SDGs入門

Sustainable Development Goals

アイリスリサーチアンドサービス／アイリス行政書士事務所　代表

森 健人

アニモ出版

はじめに

「ＳＤＧｓ」――この４文字が世間一般に広まり始めたのは、筆者の記憶では2018年の前半くらいからと記憶しています。そして、この本が発売される2020年は、日本国内において社会課題としてのＳＤＧｓに本格的に取り組む最初の年となる“はず”でした。

“はず”の理由ですが、本書執筆中の2020年初め、世界中を新型コロナウイルス（covid-19）が襲っています。「パンデミック」、コロナショックです。世界中でＳＤＧｓどころではない状況が続いています。

本書は当初、自動車産業を中心にものづくり企業、特に中小企業の経営層をターゲットに、ＳＤＧｓが創り出す世界の本質と、ＳＤＧｓがものづくり中小企業経営に与える経営リスクを中心に解説するために企画したものです。

しかし、コロナショックにより、いま現在のものづくり中小企業の経営が非常に厳しい状況に陥っていることから、当初の企画案から修正し、コロナショック後の新しい経営の形としてのＳＤＧｓを考える企画としました。

まず、簡単に筆者の自己紹介をさせていただきます。

現在、愛知県でコンサルタント・行政書士事務所を経営しています。

筆者の生家は、地場産業を営む工場でした。物心ついたときから工場という環境で育ち、いまでも工場の現場が大好きです。

残念ながら工場は廃業し、その後、自動車／物流関連企業に環境と安全の専門担当として勤務。現在は、その経験を活かし独立して活動しています。

トヨタグループのお膝元という地域柄もあり、取引先はものづくりに関係する中小企業が多くいらっしゃるので、いまでも「製造業」の一員であると自認しています。

弊社の社是は「お客様の現地現物に貢献する」。この地域の、そして日本のものづくりや作業の現場を支援すること、それが弊社のミッションです。

ＳＤＧｓには、企業の環境活動、ＩＳＯ活動を支援する過程で接点を持ち、現在は自治体、一般企業、士業、金融機関関係者、経営者団体等を対象としたセミナー・ワークショップを開催・運営しています。

筆者のセミナー・ワークショップでは、2015年にＳＤＧｓが採択された背景から、ＳＤＧｓの年限である2030年、そしてその先にある21世紀中頃に向けて世界がどのように変容していくのか、さらに、そのなかでものづくり中小企業がどのようにして生き残るかを伝えています。

2020年のコロナショックもまた、前年までは、ＳＤＧｓが示す未来の可能性の一つにすぎませんでした。その可能性は現実となり、私たちの生活と社会のあり方を間違いなく変えていきます。それが、ＳＤＧｓが創り出す世界です。

本書では、その世界の現実と、その世界を生き残る方策としての「ＳＤＧｓの実装」を解説していきます。

本書が、読者皆さまの将来の会社経営に少しでもお役に立てましたら幸甚です。

2020年７月

アイリスリサーチアンドサービス
アイリス行政書士事務所
代表　森 健人

本書の内容は、2020年７月15日現在の情報等にもとづいています。

ものづくり中小企業のためのSDGs入門

もくじ

2章 ビジネスにおけるSDGs ——本質は「カネとチカラ」

3章 変わるルールと構造
――置いてけぼりの、ものづくり中小企業

6章 SDGsを「実装」する——ものづくり中小企業に求められる行動

カバーデザイン◎水野敬一
本文ＤＴＰ＆図版◎伊藤加寿美（一企画）

1章

ものづくり中小企業のための SDGs概論

1－1

最初に
～SDGsの本質を考える～

SDGsのイメージは？

ＳＤＧｓについて、あなたはどのようなイメージをお持ちでしょうか？「ビジネスチャンス」「社会貢献」「ＣＳＲ」「社会問題を解決するために皆で取り組むべきもの」といったプラスのイメージでしょうか。

それとも「うさんくさい」「中小企業には関係ない」「面倒くさそう」といったマイナスのイメージでしょうか。

そのどれもが完全に正しいわけでも完全に間違っているわけでもありませんが、本書の想定読者であるものづくり中小企業の皆さんにとっては、「ぼんやりしていて、全体像がつかみにくい」「ビジネスとの関わりがわからない」「特にメリットがない」といった比較的ネガティブな感想が多いと思われます。

実際のところ、ビジネスの側面での話題は、日本を代表する大手企業、マスメディア、日本経済団体連合会（経団連）や日本青年会議所（ＪＣ）等の経済団体が中心となっています。中小企業が話題になる際も、いわゆるものづくり中小企業が話題に上ることはほとんどありません。

現状では、ビジネス以外の側面、環境問題等に取り組む市民活動や学校教育におけるＳＤＧｓのほうが、むしろ身近かもしれません。

ということから考えれば、「国連が提唱する世界の諸問題を解決するためのキャンペーン」というのが、読者の多くに共通する一般的なイメージでしょう。

SDGsの本質とは

話を進める前に、いま現在、読者の多くが持っているこれらのイメージを前提としてSDGsに接すること自体がリスクとなり得る、ということを伝えなければなりません。

そして、このことは、筆者が本書を通じて読者に伝えたい「SDGsの本質」に関わる最も重要な視点でもあります。

なぜなら、SDGsの本質は「**資本主義社会の新たなルール**」であるからです。ルールである以上「好むと好まざるとに関わらず、従わざるを得ない」。これが、私たちがSDGsに対して取り得る唯一の態度です。

最初に、このことを絶対に忘れないようお願いします。

SDGsの真実とは

本書を通じて繰り返し述べますが、この新しいルールは、静かに、そして確実に日本社会に浸透しつつあります。本書では、昨今の国内政策についてSDGsとの関わりを検証していきますが、おそらく、「これも、あれもSDGsなのか！」という感想を持たれることと思います。

もう一つ、ものづくり中小企業の皆さんに覚えておいていただきたいSDGsの真実があります。それは、「**SDGsが創り出す未来は、日本のものづくり中小企業に非常に厳しいものになる**」ということです。

「国連が提唱する世界の諸問題を解決するためのキャンペーン」のイメージが想像させる優しい世界は、ものづくり中小企業にはやってきません。

SDGsについて、私の自動車関連企業時代の元同僚はこう言いました。

「自分たちに『死ね』と言っているようなもの」

「このままでは、日本のものづくりは終わる」

SDGsは、日本のものづくり中小企業への最後通牒でもあることを心に刻んでいただきたいと思います。

そのSDGsが創り出すはずだった世界の一端が、2020年の「コロナショック」、新型コロナウイルス（covid-19）のパンデミックです。

コロナショックが映し出した世界がＳＤＧｓの創り出す世界の一端であるのならば、「Afterコロナ」「Withコロナ」の世界を生きるための答えもまたＳＤＧｓにあるはずです。

新しい世界で生き残るためには、ＳＤＧｓを学ぶ必要があります。

1－2 お勉強は時間のムダ ～「ＳＤＧｓ」これだけ知っていれば問題なし～

ＳＤＧｓにはいくつかの機能がある

ＳＤＧｓに関する書籍は、本書も含めて山のように出版されています。ＳＤＧｓに関するセミナーもまた、さまざまな背景を持つ主催者により日本中で開催されています。

ＳＤＧｓに関わる情報があふれかえるようになったいま、ものづくり中小企業の皆さんは、ＳＤＧｓをどの程度知っておくべきなのでしょうか？

次の１－３項で説明しますが、ＳＤＧｓにはいくつかの機能があります。ＳＤＧｓを語る者が、どの機能に依拠して、誰に語りたいものであるかによって、その内容はまったく違うものになるということが起き得ますので、“お勉強”の際には注意が必要です。

たとえば、ビジネス関連のＳＤＧｓの書籍に関しても、その多くは、学者・研究者やコンサルタント等のいわゆる専門家により書かれています。当然、よくいえば専門的、悪くいえばその多くは難解なものとなっています。

中小企業では、分野的にも、対応できる工数的にも、それらの書籍を読んで理解し、自社で実践することができる組織や経営者ばかりではないはずです。

そこで、このセクションでは、ものづくり中小企業の今後の経営に必要かつ十分な範囲で、ＳＤＧｓを解説していきます。

このセクションの内容を理解していただければ、経営者団体の会合等でＳＤＧｓの簡単な説明をする程度のことは十分可能になるでしょう。

誰のため？ 何のため？「2030アジェンダ」とSDGs

そもそも「ＳＤＧｓ」とは何のことでしょうか？

ＳＤＧｓは、“Sustainable Development Goals” を略した言葉で、「**エスディージーズ**」と発音します。

日本語では「持続可能な開発目標」と訳されますが、「持続可能な開発」とは、「将来の世代の欲求を満たしつつ、現在の世代の欲求も満足させるような開発」[1] と定義されています。

「私たちの子孫も使えるように、限りある資源を有効活用しつつ経済的にも発展していきましょう」という意味と考えてください。

このＳＤＧｓに「本体」があることはご存じでしょうか？　それが「我々の世界を変革する：持続可能な開発のための2030アジェンダ[1]（以下「2030アジェンダ」といいます）」です。

この2030アジェンダは、2016年から2030年までの「持続可能な開発」に関する世界的な合意（計画）です。2015年９月25日に国連本部で開催された「国連持続可能な開発サミット」にて全会一致で採択されました

その特徴は、以下のとおりです。

- 先進国、発展途上国を問わず、すべての国に適用される。
- 参加各国は、目標達成のための取組みを行なう必要があり、その達成度合いが評価される。
- 政府や自治体等の公共セクターだけでなく、企業、ＮＧＯ、一般市民等の民間セクターの参画を前提としている。

1　原題：Transforming our world:the 2030 Agenda for Sustainable Development

[○]の番号は巻末資料３に対応しています。

●参画する各主体の、世界レベルでの連携（パートナーシップ）を重視している。

●これまでの国連の開発計画とは異なり、環境分野、経済分野までを包括した計画となっている。

2030年に向けて、世界は、この2030アジェンダとその目標であるＳＤＧｓの枠組みに従って行動していくことになります。

みんなの目標：17のゴールと169のターゲット

読者が最も知っている「ＳＤＧｓ」といえば、国連の定めたカラフルなアイコンでしょう。17のアイコンが、ＳＤＧｓの17の目標を表わしていることはご存じかと思います。

では、17の目標それぞれに、達成度合いを測るための具体的な項目が決められていることはご存じでしょうか？　英語では「Target」です。日本語でも一般的にはターゲットと表現されています。

ターゲットの下には、ＳＤＧｓの進捗度合いを測定するための244（うち12項目は重複）の指標（indicator）も設定されています。このターゲットと指標の存在は、あまり認識されていませんが、ＳＤＧｓに関わる取組みを具体的に検討する際には非常に重要です。

ＳＤＧｓは、目標である17のゴールと169のターゲット、目標の達成度合いを測る244の指標とで構成されているのです。

それでは、17のゴールについて説明をしていきましょう（ターゲットと指標の一覧表を巻末に掲載しましたので、ご確認ください）。

Goal 1　「貧困をなくそう」

あらゆる場所のあらゆる形態の貧困を終わらせる

経済格差に関する目標です。

世界銀行の調査では、2015年時点で世界の貧困（１日当たり消費1.9ドル以下）人口は約７億3,600万人で人口の約10％となっています。[2]

Goal 2　「飢餓をゼロに」

飢餓を終わらせ、食料安全保障および栄養改善を実現し、持続可能な農業を促進する

食料問題に関する目標です。

20世紀末から21世紀初頭にかけて、世界の飢餓人口は大幅に減少しましたが、2014年以降は増加に転じており、2018年には8億2,100万人が栄養不足の状態となっています。[3]

ものづくり中小企業のビジネスの観点からは、イメージしづらい目標であることは否めません。

Goal 3　「すべての人に健康と福祉を」

あらゆる年齢のすべての人々の健康的な生活を確保し、福祉を促進する

保健・公衆衛生に関する目標です。

少し意外かもしれませんが、化学物質規制、自動車事故削減、たばこ規制に関する目標ともなっていますので、ものづくり中小企業もまったく無関係というわけではないことに注意が必要です。

Goal 4　「質の高い教育をみんなに」

すべての人々への、包摂的かつ公正な質の高い教育を提供し、生涯学習の機会を促進する

教育分野に関する目標です。

「生涯学習」という言葉が含まれていることに注意しましょう。学校教育に限らず、職業教育や人権教育といった分野も包含されますので、企業もまた主体となり得る目標になっています。

Goal 5 「ジェンダー平等を実現しよう」

ジェンダー平等を達成し、すべての女性および女児の能力強化を行なう

ジェンダーに関する目標です。

「ジェンダー」という言葉は、さまざまな意味や解釈を含み得るものですが、ここでは、女性や女児に対する差別的な扱いの撤廃、地位向上に関する目標と理解してよいでしょう。

Goal 6 「安全な水とトイレを世界中に」

すべての人々の水と衛生の利用可能性と持続可能な管理を確保する

水の利用に関わる目標です。

「安全な水とトイレ」とありますが、それに限定されず、清潔な水の確保のための環境整備と水資源の有効利用に関する目標と考えると理解しやすいかと思います。

ものづくり中小企業においては、工業用水の利用や、排水処理等での関わりが考えられます。

Goal 7 「エネルギーをみんなに、そしてクリーンに」

すべての人々の、安価かつ信頼できる持続可能な近代的エネルギーへのアクセスを確保する

エネルギー政策に関する目標です。

主に供給者や技術開発に関わる目標ですが、ものづくり企業においては、エネルギー効率の向上や再生可能エネルギーの活用等で関わりが考えられます。

Goal 8 「働きがいも経済成長も」

包摂的かつ持続可能な経済成長およびすべての人々の完全かつ生産的な雇用と働きがいのある人間らしい雇用（ディーセント・ワーク）を促進する

経済活動に関する目標です。

生産性や雇用環境の改善等に関わるので、17のGoalのうちでも、ものづくり中小企業にとっても関わりが深い目標といえます。5－5で解説しますが、外国人労働者や「働き方改革」にも関わります。

Goal 9 「産業と技術革新の基盤をつくろう」

強靱（レジリエント）なインフラ構築、包摂的かつ持続可能な産業化の促進およびイノベーションの推進を図る

産業振興に関する目標です。

主に政策・制度設計に関する目標ですが、インフラ整備、資源の有効活用、技術開発等の観点から、ものづくり中小企業の関わりも考えられます。

Goal 10 「人や国の不平等をなくそう」

各国内および各国間の不平等を是正する

差別や不平等の是正に関する目標です。

主に政策面での目標ですが、税制、賃金政策、移民政策等に関わるので、ものづくり中小企業も影響を受ける可能性があります。

Goal11　「住み続けられるまちづくりを」

包摂的で安全かつ強靱（レジリエント）で持続可能な都市および人間居住を実現する

　都市計画に関する目標です。

　すべての人にとって安全で快適な街づくりをめざすものですが、そのなかには、地震や水害に対する強靱化も求められています。ものづくり中小企業においても、防災活動やインフラ構築等の観点での関わりが考えられる目標です。

Goal12　「つくる責任、つかう責任」

持続可能な生産消費形態を確保する

　企業の活動や市民の消費生活に関する目標です。

　資源の有効利用や廃棄物の削減等により、生活様式の変容が求められています。生産・製造における関わりが考えられるので、ものづくり中小企業に関係の深い目標です。

Goal13　「気候変動に具体的な対策を」

気候変動およびその影響を軽減するための緊急対策を講じる

　気候変動対策に関する目標です。

　ものづくり中小企業としては、直接的にはエネルギーの効率利用による温室効果ガス(Greenhouse Gas：以下「ＧＨＧ」といいます)の排出抑制等の活動での関わりが考えられます。また、エネルギー政策や環境税制の変更等による経営への影響も考えられます。

Goal14 「海の豊かさを守ろう」

持続可能な開発のために海洋・海洋資源を保全し、持続可能な形で利用する

海洋の環境保全と、資源の有効活用に関する目標です。

ものづくり中小企業としては関わりをイメージしづらい目標ですが、プラスチックによる海洋汚染問題等が影響してくる可能性が考えられます。

Goal15 「陸の豊かさも守ろう」

陸域生態系の保護、回復、持続可能な利用の推進、持続可能な森林の経営、砂漠化への対処、ならびに土地の劣化の阻止・回復および生物多様性の損失を阻止する

森林保護や陸上生物の生態系保全に関する目標です。

ものづくり中小企業としては関わりが薄い感は否めませんが、工業用地の開発や工場の緑化計画等の関わりが考えられます。

Goal16 「平和と公正をすべての人に」

持続可能な開発のための平和で包摂的な社会を促進し、すべての人々に司法へのアクセスを提供し、あらゆるレベルにおいて効果的で説明責任のある包摂的な制度を構築する

公平で安全な社会の構築と公平な司法制度の確立に関する目標です。

日本のものづくり中小企業としては、関わりが非常に弱い目標といえるでしょう。

Goal17　「パートナーシップで目標を達成しよう」

持続可能な開発のための実施手段を強化し、グローバル・パートナーシップを活性化する

ＳＤＧｓ達成に必要な資金供給や、国際的な技術協力関係の樹立等に関する目標です。

国際関係や国家における枠組みの構築に関する目標が中心となっているので、これらの大きな動きに日本の中小企業が直接関わる可能性は非常に少ないといえます。

SDGsのキーワード

ＳＤＧｓの考え方や運用方法には、いくつかの特徴があり、それらはＳＤＧｓに関する「キーワード」として表わされます。

組織での運用に際しては、これらのキーワードを考慮することが必要になります。

①３つの側面：「経済」「社会」「環境」

ＳＤＧｓ以前の国連の開発計画は、貧困・初等教育・女性差別等、発展途上国における開発分野の諸問題の解決を目的とするものでした。

ＳＤＧｓは、開発分野から枠組みを拡大し、先進国も含めた世界のすべての国における経済、社会、環境の各分野（側面）の課題を統合的に解決することを目的としたことに特徴があります。

②実施原則

ＳＤＧｓに係る課題への取組みを進める際に、重視すべき原則です。

- **普遍性**…発展途上国、先進国の区別なく、すべての国が取り組む
- **包摂性**…人間の安全保障の観点から、人権や平等を尊重し、「誰一人取り残さない世界」を実現する

- **●参画性**…強者も弱者も、立場や所属を問わず、持続可能な社会の実現に貢献できるように参画して取り組む
- **●統合性**…ＳＤＧｓの各Goalは不可分な関係にあり、社会的課題、経済的課題、環境的課題に統合的に取り組む
- **●透明性**…さまざまな人々（ステークホルダー）が参画することを踏まえ、取組みの評価を行ない、説明責任を果たす

③５つのＰ

５つのＰとは、People（人間）、Prosperity（豊かさ）、Planet（地球）、Peace（平和）、Partnership（パートナーシップ）の略で、それぞれＳＤＧｓが実現すべき人類の普遍的な価値となっています。

ＳＤＧsが、各“Ｐ”、人間、豊かさ、地球、平和を目的とするものであり、それらのパートナーシップ（協調・関連）により持続可能な社会を構築するものであるということを意味するものです。

④アウトサイドイン

外部環境や社会的な要請を考慮して、自社が取り組むべき行動を決定することをいいます。自社の外部に存在する社会的課題やニーズを起点として、その解決を自社の事業活動に取り込み、目標として決定し、行動する手法です。「社会起点」と称されることもあります。

これとは逆に「インサイドアウト」もあります。こちらは、自社の事業活動を起点にして社会に与える影響を評価して、自社がどのような取組みをするかを決定する方法です。「企業起点」と称されることもあります。

⑤バックキャスティング

目標を立てる際には、現状からスタートして将来のなりたい姿を描き、計画を立てることが多いと思いますが、この一般的な計画の立て方を「フォアキャスティング」といいます。

「バックキャスティング」は、これとは逆に、将来のあるべき姿を実現するために、必要な行動を逆算して行動を計画する手法です。

ＳＤＧｓは、2030年に人類が達成すべき目標です。しかも、その目標は、現在の延長線上にある行動計画ではおよそ達成不可能な高度なものとなっています。

そのため、「2030年にＳＤＧｓを達成するにはどうしたらよいか」という観点に立ち、必要な行動（量）を検証し、取り組んでいく必要があります。

⑥パートナーシップ

ＳＤＧｓは、従来の国連開発計画の枠組みである開発分野から、環境分野、社会分野にまで枠組みを拡大したため、国連や各国政府だけの取組みでは、達成不可能な非常に野心的な目標となっています。

そこで、2030アジェンダは、公共（政府）セクター、民間営利セクター（企業・金融機関等）、非営利セクター（市民・各種団体等）が、世界規模での強力な連携（グローバル・パートナーシップ）をすることにより目標を達成することを求めています。

⑦誰一人取り残さない（No One Left behind）

ＳＤＧｓに興味を持った方であれば、この「誰一人取り残さない（No One Left behind）」という言葉を聞いたことがあると思います。この言葉は、2030アジェンダの前文に記載された言葉です。

「我々はこの共同の旅路に乗り出すにあたり、誰一人取り残さないことを誓う。」[2]［4］

この2030アジェンダとＳＤＧｓが推進する世界の変革から誰一人取り残されることなく、2030年にＳＤＧｓが実現する世界の恩恵を

2　原文：As we embark on this collective journey, we pledge that no one will be left behind.

世界中のすべての人が享受できることを誓った文章になっています。
この「誰一人取り残さない」ですが、SDGsを象徴する言葉として、SDGsのイメージ形成に非常に大きな役割を果たしています。

1−3

SDGsの3つの機能

SDGsの機能とは何か

ここからは、SDGsと私たちの関わり方を検討していくわけですが、その前に、SDGsを論じる視点を整理しておきたいと思います。
SDGsをわかりにくいものとしている理由の一つが、SDGsが持つさまざまな「機能」です。
世間にあふれるSDGsの言説ですが、それを記した筆者・論者の「立ち位置」から語られることがほとんどです。本書も含めて、筆者や論者の「SDGs観」=「伝えたいSDGs」になります。
SDGsを語る切り口がたくさんあるということは、間口を広げ、さまざまな立場からSDGs達成に貢献できる、または、SDGsを活用（利用）できるということにもつながります。SDGsの優秀性を示しているといえなくもないですが、話す側、聞く側の視点が違うと、SDGsの理解に支障を生じる嫌いがあります。
つまり、筆者・論者と読者・聴取者の“相性”が問題となるのです。
この問題を解決するためには、SDGsに関してどのような観点でコミュニケーションを行なうかを、あらかじめ明確にしておくことが望ましいといえます。
その観点をどのように区分するかですが、本書ではSDGsを3つの機能に分類して考えていきます。

◎SDGsの３つの機能の関係◎

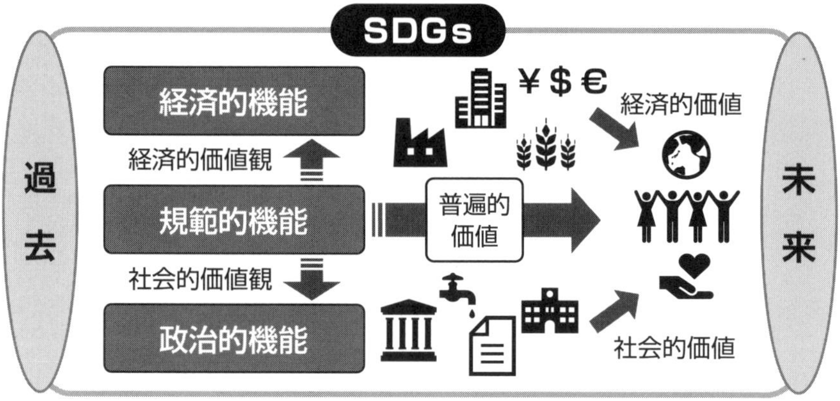

【機能①】規範的機能

SDGsが持つ「社会をよくするためのルール」としての役割です。「教育的機能」ということもできるかと思います。

国連が定めた開発目標として、世界の諸問題を解消するための方策であるSDGsは、この機能を本質的に内包しているといえます。

現在の日本、特に中小企業で「SDGsに取り組む」という場合には、この機能を中心に話が進められる場合がほとんどでしょう。

「当社は○○でSDGs達成に貢献します！」という“ストーリー”は、企業イメージの向上の観点からは、必要不可欠な要素といえます。

また、学校教育や市民運動等におけるSDGsの言説は、（当然ですが）この機能中心に構成されることがほとんどです。

【機能②】政治的機能

SDGsの目標を達成するために必要な社会のしくみを構築する役割です。「制度的機能」ということもできるかと思います。

国際的な枠組みであるSDGsを各国国内における法令や施策に落とし込む機能のことで、主に公共セクターが役割を担いますが、国際NGOや、グローバルカンパニーも関わる場合があります。

【機能③】経済的機能

SDGsと経済との関係性に関わる機能です。

SDGsの規範的機能・政治的機能が経済活動に与える影響と理解してもらってよいかと思います。

規範的機能・政治的機能は、SDGsに関わるしくみをつくるための要素といえますが、この経済的機能については、しくみに従った実際の運用に関わる要素といえます。

2－2項から説明しますが、SDGsの特徴の一つは、この経済的機能を非常に重視しているところにあります。SDGsが、一般企業までを巻き込んだ「ビジネスチャンス論」を展開している理由でもあります。

SDGsに関わる言説に触れる際には、その言説がこの3つの機能のうちのどの機能に立脚したものであるかを考えるようにするとよいでしょう。

それだけで、SDGsの理解は飛躍的に進みます。

1－4 変革(Transform)～SDGsの求めるもの～

2030アジェンダは何を求めているか

ものづくり中小企業は、SDGsにどのように向き合えばよいのでしょうか。それを考える前に、2030アジェンダが私たちを含む世界に求めているものについて知っておきましょう。

その答えは、2030アジェンダのタイトルそのもので表わされています。

「変革（Transform）」

原文である“Transform”という言葉は、「従前の存在を変化させ、まったく新しいものにつくり替える」という意味を持ちます。
このTransformという言葉を、蝶を例に考えてみます。
幼虫から成虫への変化を英語では、「A caterpillar transforms into a butterfly.」[3]ということがあります。蝶は、幼虫から蛹(さなぎ)を経て成虫になりますが、蛹の段階でほとんどの体内器官をいったん溶解し、まったく新たな器官をつくり出します。そのため蛹の期間は動くこともできず、外敵からの危険に身をさらすことになりますが、彼らの子孫を残すための本能は、リスクを乗り越えてでも蝶として羽ばたくことを選択しているのです。
蝶を例にたとえるならば、2030アジェンダは人間の社会に「羽化」を求めているといえるでしょう。つまり、2030アジェンダは、現状の延長線上にある世界の姿を求めるものではなく、「**現状を破壊し、まったく新たな世界を創造する**」ことを志向するものです。
産業革命から約200年。急激に発展した人類の営みの歪みである世界の諸問題を、わずか15年で解消に導くことにどれだけの困難が待ち受けているかは、想像に難くありません。
2030アジェンダはその過程を「共同の旅路」[4]［4］と定義しています。
世界のあるべき未来を創造するための「大胆かつ変革的な行動」を一丸となって進むこと。2030アジェンダとＳＤＧｓが私たちに求めていることは、本質としてはこれだけです。
繰り返しますが、「ＳＤＧｓは資本主義の新しいルール」です。
このルールは、単なる規範にとどまらず、その政治的機能と経済的機能を伴って、国連加盟各国の法規制や社会制度をつくり変えていきます。私たちは、そのルールに合わせて自らを変えていかなければなりません。

3　生物学上では“metamorphose”が使われる。
4　原文：this collective journey

2章

ビジネスにおけるSDGs
――本質は「カネとチカラ」

なぜ中小企業がSDGsに対応するの？

読者のなかには、次のような疑問を持つ人もいるのではないでしょうか？

「ＳＤＧｓが世界を変えていくとしても、国連の活動になぜ民間企業、それも中小企業が対応しなければならないのか？」

この疑問は、おそらく、ＳＤＧｓに向きあったすべての企業の経営者・担当者が必ず通る道でしょう。

国際的な課題解決という視点で考えれば、主役は各国政府であり、ＯＤＡ（政府開発援助）なのではないかという認識を持たれる人もいると思います。過去の国連の活動が、各国政府、ＯＤＡに関わる（大）企業、一部の市民運動家等を除けば、一般市民には縁遠いというよりは実質無関係なものであったことは間違いありません。

それでは、なぜ21世紀の５分の１が過ぎ去ろうとするいまになって、同じ国連の開発目標であるＳＤＧｓだけが、ここまでクローズアップされているのでしょうか？

そして、なぜ、ものづくり中小企業がＳＤＧｓに取り組まなければならないのでしょうか？

ここではその結論、ＳＤＧｓを取り巻く情勢の本質からお伝えします。

「カネ（資本）とチカラ（政治）」

きわめて資本主義的ですが、むしろ資本主義の論理にもとづいてＳＤＧｓが決定された、と考えるべきものといえます。資本主義の競争原理に世界の改革を委ねた、ということもできるでしょう。

その競争はすでに始まっており、たとえば自動車産業ではこう呼んでいます。

「100年に一度の大変革」

中小企業だからといって見逃してもらえるはずはなく、その激流に飲み込まれざるを得ないことは、筆者よりも読者の皆さまのほうが、日々の経営や業務においてすでに実感しているはずなのです。

SDGsは、この世界の大変革を理解し、企業として生き残るためのキーワードにもなっています。
資本主義の一員としては、決して無視することはできません。

2－1 SDGsの背景を考える

2015年に2030アジェンダが可決された背景、そして、世界中の大企業がSDGsに取り組んでいる理由を考えたことはありますか？
ここまでの本書の内容からしても、おそらく企業人としての勘としても、"純粋な善意ではない"ということは想像できると思いますが、そうであるとしても、ビジネスとしてSDGsに関わる理由はどこにあるのでしょうか。
その理由を、2030アジェンダが可決された背景から読み取っていきます。
なお、SDGsの経済、社会、環境の３つの側面、全17ゴールのそれぞれにおいて、SDGsの策定に至るまでの過程、背景がありますが、この項では、ものづくりに直接関係するという観点から環境分野を中心に説明していきます。

MDGsとSDGs――20世紀が残した課題

SDGsに前身があることをご存じでしょうか？
それが、2000年から2015年までの国連開発目標であった「**ミレニアム開発目標**」（**MDGs**：Millennium Development Goals）です。
MDGsは、発展途上国の開発分野の諸問題について、全８項目の目標を設定して取り組まれたものです。
結果としては、課題は残ったものの、「これまでの歴史で最も成功した貧困撲滅のための取組み」［5］と評価されています（本書の想定する読者であれば、その評価や内容についてまで詳しく知る必要はありませんので仔細は省略します）。

ＭＤＧｓとＳＤＧｓの比較において考えなければならないのは、ＭＤＧｓはほとんど一般に知られることがなかったにも関わらず、ＭＤＧｓの15年間を経て策定されたＳＤＧｓには世界中が注目し、その目標達成のための活動が活発に進められているという事実です。

その背景には、ＭＤＧｓからＳＤＧｓに至る15年間に、世界に起きた価値観の変化が存在しています。

その変化は、ＭＤＧｓとＳＤＧｓのゴールの違いにも表われていますが、この15年間の価値観の変化にこそ、ＳＤＧｓを読み解くヒントがあるのです。

気候変動——異常気象は誰のせい？

2000年から2015年までの15年間で、地球レベルにおいて最も深刻な社会問題に成長したものは何か？　それが「地球温暖化」です。

現在では「地球温暖化」から「気候変動」、さらには「気候危機」［6］へと表現が強くなりつつあります。

ＭＤＧｓにおいても、環境に関わる目標は設定されていましたが、それは、人間の営みに関わる資源や生活環境の側面に限られたものであって、地球規模での気候変動に関わる目標ではありませんでした。

この「気候危機」の問題ですが、最近では、スウェーデンの若き環境活動家グレタ・トゥンベリさんの非常に強い口調のメッセージが記憶に新しいところです。

彼女は、2019年９月23日に行なわれた「国連気候行動サミット」の場でこう述べています。

「人々は苦しみ命を落としています。生態系全体が崩壊しています。大絶滅が始まっているのに、あなたたち（大人）は永遠に続く経済成長というおとぎ話ばかり。よくもそんなことを（How dare you）！」［7］

アメリカのトランプ大統領は、サミットの直後にツイッターでこうつぶやいています。

「彼女は、輝く素晴らしい未来を夢見るとても幸せな女の子のようだね。彼女と会えて最高だよ！[5]」[8]

大統領は、2019年12月、グレタさんが米国タイム誌の「今年の人」に選ばれた際にもこんなツイートをしています。

「ばかげている。グレタは、彼女自身の怒りの感情と向き合うべきで、友達と古き良き映画でも見るといい。落ち着けグレタ！　落ち着け！[6]」[9]

トランプ政権は気候変動対策の国際的な枠組みである「パリ条約」から離脱するなど、気候変動対策に否定的な立場をとり続けています。この立場から考えれば、トランプ大統領のツイートは、皮肉や揶揄と考えるのが妥当でしょう。

しかしながら、グレタさんが取るに足らない相手であれば、一国の大統領が“わざわざ”ムキになる必要もないはずなのです。

グレタさんは、その後も、国連気候変動枠組条約締約国会議（COP25）やＥＵ議会の場で、非常に厳しいメッセージを世界に発信し続けています。彼女に批判される立場である政治家たちも、彼女を批判する一方で、彼女のメッセージを世界に伝える場を“わざわざ”用意していることになります。

どこか「アングル」や「ブック」（プロレスのストーリーや筋書きのこと）の存在を感じてしまうのは筆者だけでしょうか？

彼女の存在や、彼女を取り巻く大人社会の思惑に賛否両論があることは否定しませんが、その一方で、世界と世界の首脳は彼女に注目し続けています。

考えていただきたいことは、政治のリーダーも含め、世界中がテ

5　筆者訳。原文：She seems like a very happy young girl looking forward to a bright and wonderful future. So nice to see! ！

6　原文：So ridiculous. Greta must work on her Anger Management problem, then go to a good old fashioned movie with a friend! Chill Greta, Chill!

ィーンエイジャーの女の子を気候危機の「象徴」(icon) として担ぎ上げている“理由”です。

世界のリーダーの危機感

「ダボス会議」をご存じでしょうか？

世界経済フォーラム（World Economic Forum。以下「ＷＥＦ」といいます）の年次総会のことです。ＷＥＦの本拠地がスイスのダボス（Davos）にあることから、「ダボス会議」の名で呼ばれています。

世界の政治経済のリーダーが集まるこの会議においても、2019年、2020年と２年連続でグレタさんが演説をしています。環境問題と経済活動、一見相反する二つの側面を結ぶ手がかりがダボス会議にあります。

ＷＥＦは、2006年から毎年「グローバルリスク報告書」という年次報告書を公開しています。

この報告書では、2006年から毎年、世界の政治経済のリーダー達が予測する「世界のリスク展望」(Global Risks Landscape) を掲載しています。開始当初の2006年時点における彼らの関心の中心は、テロリズム、原油価格、人口減少等の安全保障を含む政治や経済の分野にありました。

この「世界のリスク展望」において、2010年を境に急速に関心を伸ばした分野があります。それが「**環境**」です。環境分野におけるリスク認識は年を追うごとに深刻になり、最新版の2020年版では、世界で起きうるリスクの「可能性」のトップ５、「重大性」のトップ１、３、５を環境分野が占めるまでになっています。[10]

ＭＤＧｓからＳＤＧｓへの転換期は、世界のリーダー層の関心が安全保障を含む政治経済分野から環境分野へ移りつつある時代とちょうど一致しているのです。

また、ＷＥＦは世界のさまざまなリスクの相関についても報告しています。

それによれば、気候変動問題は、異常気象や自然災害にとどまらず、水や食料問題、エネルギー問題、失業、インフラ破壊、国家／地域間紛争、感染症といった諸問題のリスクを増大させるものであると指摘されています。

この相互関連する諸問題のいくつかは、ＳＤＧｓのゴールに関連したものであることにも注目が必要です。

その理由は、ＭＤＧｓ以前の国連の開発計画が、国連、その関係機関、関係各国を中心に策定されてきたことに対して、ＳＤＧｓの検討過程においては、民間セクターの意見が積極的に反映されたことにあります。

たとえば、2013年６月に発表された2030アジェンダとＳＤＧｓの策定に向けた提言書『新たなグローバル・パートナーシップ：持続可能な開発を通じ、貧困の根絶と経済の変革を』[7]の検討メンバーである「ポスト2015年開発アジェンダに関するハイレベル・パネル」には、先進国や途上国の首脳（日本の菅首相（当時）を含む)、国際機関関係者、学識経験者、市民団体代表等に加え、当時のユニリーバ社最高経営責任者（ＣＥＯ）のポール・ポールマン氏が含まれています。[11]

（このユニリーバ社は、ＳＤＧｓの最初期から、積極的な取組みを行なっている代表的な企業の一つです。）

この提言の策定にあたっては、121か国の5,000を超える市民団体［12］から意見を募っており、ＳＤＧｓの制定過程においては、グローバルカンパニーを含む民間セクターの意向が相当に考慮されたことがわかります。

ＷＥＦにおいても、ＳＤＧｓ採択直前、2015年１月の年次総会（ダボス会議）に国連の藩事務総長（当時）が参加して、ＳＤＧｓに関するセッション［13］が行なわれています。

7　邦題は、国際連合広報センター（https://www.unic.or.jp/）の表記による。原題：A New Global Partnership: Eradicate Poverty and Transform Economies through Sustainable Development

ＳＤＧｓの背景には、気候変動問題とそれが惹起し得る諸問題に対する世界の政治経済リーダーの強い危機感が存在しているのです。

なお、２－３で解説しますが、気候変動問題は、世界の金融システムを通じてＳＤＧｓの政治的機能および経済的機能を非常に強力なものとしています。気候変動問題は、ＳＤＧｓをめぐるカネの観点においても、その核心部に位置する要素となっているのです。

「パリ協定」とSDGs

パリ協定は、ＳＤＧｓに遅れること約３か月後の2015年12月に、パリで開催された第21回国連気候変動枠組条約締約国会議（COP21）で採択された、気候変動対策のための国際的な枠組みです。

パリ協定の概要は、以下のとおりです。

- 京都議定書の後継となる、2020年以降の気候変動対策に関わる国際的枠組み
- 先進国、発展途上国の区別なく、気候変動枠組条約に加盟するすべての国が参加する
- 産業革命前からの世界の平均気温上昇を２℃未満に抑制（努力目標：1.5℃未満）
- 参加各国に、削減目標の提出を義務づける（達成自体は義務ではない）
- ５年ごとに世界の進捗状況を検討する
- 市場メカニズムを活用する
- すべての国が、温室効果ガス長期低排出開発戦略を策定するよう努める

国連決議であるＳＤＧｓは、加盟国に対する法的拘束力までを有しませんが、パリ協定は国際条約であるため、締結国において国内法と同様の効力を有します。

各国とも協定にもとづいた取組みを進めることになりますが、問

題となるのは取組みの“主体”です。政府として政策・施策を決定したところで、実際にその削減のための取組みそのものを行なうことができないからです。

「温暖化効果ガスの削減に、主として貢献できる者は誰か？」

その答えは、当然、産業界（営利セクター）になります。

各国政府は、自国の産業界に、気候変動問題に積極的に取り組んでもらう必要があります。

そのためには、彼らを巻き込むための“しくみ”と“枠組み”が必要になります。

2－2

足りないカネを調達するには…

民間資金の活用と民間セクターの参画

ＳＤＧｓは、そのきわめて野心的な目標ゆえに、年間５～７兆ドル（約540～750兆円：１ドル107円で計算）の資金が必要とされています。

そのため、ＳＤＧｓの検討段階ですでに、国連とその関係機関の資金、先進国のＯＤＡ等を原資とする資金計画では、必要な資金を調達できない（不足する）という問題が指摘されていました。[8]

また、パリ協定のところでも触れましたが、気候変動問題への対応や、発展途上国における産業振興等のＳＤＧｓの各目標を実現するためには、経済活動のメインプレイヤーである民間セクターを積極的に参画させることが必要となります。

そのため、ＳＤＧｓは、計画当初より民間資金の活用と民間セクターの参画を前提として計画が進められていました。

8　たとえば、国連貿易開発会議「世界投資報告」（World Investment Report）2014年たとえば、ポストMDGs（SDGsのこと）に向けた検討のために、検討機関「地球の持続可能性に関するハイレベル・パネル」が、2012年1月に発表した報告書「強靱な人々、強靱な地球：選択の価値ある未来」[9]には、次のような記述があります。

「（略）持続可能な開発のための共通言語を開発する時期が来たのである。これはつまり、持続可能な開発というパラダイム（※）を経済学の主流に取り込むということである。」
「（略）包括的かつ持続可能な成長を創出し、狭い意味での富を超える新たな価値を作り出すために、経済の力を利用することに賛成である。市場および企業家精神は、意思決定および経済的変化の大きな原動力となる。」[14]
（※）パラダイムとは、「ものの見方」「枠組み」という意味。

また、国連の中心的機関の一つである国連貿易開発会議（UNCTAD：United Nations Conference on Trade and Development）は、SDGs発行の前年、2014年に発効した年次報告書「世界投資報告」（World Investment Report）において、次のようなタイトルの章を設けています。
「SDGsへの投資：民間部門の出資促進のための行動計画」[10]
つまり、SDGsは、その前提として、運用と目標達成を資本主義の論理に委ねている、ということがいえるのです。
現在、実際に運用されているSDGs関連の資金調達スキームの例として、日本では、独立行政法人国際協力機構（JICA）が発行している「国際協力機構債券」（JICA債）という「商品」があります。
JICA債は、「持続可能な開発目標（SDGs）達成に必要な資金

9　邦題は外務省による。原題：Resilient People, Resilient Planet: A Future Worth Choosing
10　※筆者訳。原題：INVESTING IN THE SDGs:An Action Plan for promoting private sector contributions

を確保するため」の資金調達のしくみで、出資者から集めた出資金をもとに、開発途上国のインフラや気候変動対策事業等の公共事業に開発資金を低利貸付することで、社会課題の解決を支援するというものです。[15]

こういった債券商品を「**ソーシャル・ボンド**」(またはソーシャル・インパクト・ボンド＝Social impact Bond：SIB) というのですが、出資者は、ＳＤＧｓの目標達成に資する事業への投資を目的とする債券を購入し、その対価としての利息を受け取ることになります。

ＳＤＧｓの“ビジネスチャンス”は、本来的には、このＳＤＧｓに関わる巨額資金の還流スキームに関わるものを指す、ということになります。

2－3 SDGsビジネスの本質――加速する主導権争い

ＳＤＧｓ、そしてＳＤＧｓを取り巻く情勢の本質はどこにあるのでしょうか？　それを知るためには、世界経済の大きな流れを理解する必要があります。その流れは、とても静かではありますが、すでに非常に大きな潮流となって日本を巻き込んでいます。

この大きな流れが、2030年、もしかしたらもっと早く数年後の日本の中小企業経営に厳しい変革を迫る可能性があったにも関わらず、2019年までの日本におけるＳＤＧｓ、特に中小企業におけるＳＤＧｓ経営という文脈で、この流れに触れた情報はきわめて少ないといえます。

その可能性は、2020年初頭のコロナショックとして現実になりました。このコロナショックは、劇薬としてＳＤＧｓの変革を加速させる可能性が非常に高いです。否が応でも、私たちは、激動の世界で生き残る方法を探らなければなりません。

そのためには、なぜＳＤＧｓが新しいルールなのかを知ることです。これから世界がどのように変わっていくのか、見えてくるものが必ずあります。

グローバル企業の「SDGs」戦略モデル

ＳＤＧｓにおけるビジネスの構造を知るために、最初に、世界のＳＤＧｓ先進企業の取組みを見てみましょう。

世界中の巨大企業、グローバルカンパニーがＳＤＧｓへの取組みを公表していますが、最も積極的な企業の一つにユニリーバ社があります。35ページで触れましたが、ＳＤＧｓの起草段階において同社のポール・ポールマンＣＥＯ（当時）が「ポスト2015年開発アジェンダに関するハイレベル・パネル」にメンバーとして参画するなど、ＳＤＧｓとの関わりが深い企業です。

同社は、家庭用品等を製造販売する世界的な大企業ですが、その創業時の製品は「石鹸」でした。そのパッケージに「この製品を使う方々にとって、清潔が当たり前のものになるように。女性の負担が減るように。健康を守り、魅力を引き出せるように。暮らしがより楽しく、充実したものになるように」と記載したことから、「ビジネスを通じて社会の課題を解決すること」を根幹においた経営が行なわれています。[16]

現在は、ＳＤＧｓ以前の2010年に導入した「ユニリーバ・サステナブル・リビング・プラン」（The Unilever Sustainable Living Plan）において、３つの目標での取組みを進めています（次ページ表を参照）。

2018年には、バングラデシュにおける飲料水供給事業と同社の家庭用浄水器（Pureit）事業とのコラボレーションについて、国連開発計画（UNDP）と提携を結んでいます。[17]

このように、同社は、自社のビジネス（経済的機能）をもって、発展途上国の社会資本の強化や産業の発展に貢献することに成功し

◎ユニリーバ社の取組みの例◎

目　標	主な取組み（抜粋）
すこやかな暮らし	手洗いによる下痢や呼吸器疾患の低減
	口腔衛生の改善
	飽和脂肪の低減
	健康的な食事についての情報提供
環境負荷の削減	エネルギーミックスから石炭を排除
	エネルギーを100%再生可能エネルギーに切替
	節水できる製品の提供
	埋め立て廃棄物ゼロ
	ポリ塩化ビニール（PVC）の廃止
	業務プロセスでの紙の使用を廃止
	パッケージを再利用可能、リサイクル可能、堆肥化
経済発展	公正な報酬のためのフレームワークの作成
	社内のジェンダーバランスの向上（特に管理職）
	小規模農家への支援

（出所：ユニリーバ・ジャパン）

ており、ＳＤＧｓの「ビジネスチャンス」を体現する企業の一つとなっています。

ＳＤＧｓの黒幕？ ――ＥＳＧ投融資

前述のユニリーバ社ですが、そのＳＤＧｓビジネスモデルは、同社の製品の特長をもって、社会課題を抱える消費者に直接、アプローチできるものでした。国際機関や地方政府と協力し、自社の製品（の優位性）により社会課題を解決することによって利益を得る、というＳＤＧｓの最もわかりやすいビジネスチャンスを描くことができる事業形態、といえます。

それでは、そのような社会課題を抱える消費者から直接、収益を上げるのではない、たとえば、鉄鋼等の原材料メーカーや、金融機関等がＳＤＧｓに取り組む理由はどこにあるのでしょうか？

営利組織という大前提に立って考えれば、直接、収益に結びつかないのであれば、必ずしもＳＤＧｓに取り組む必要はないはずです。にもかかわらず、世界の、そして日本の大手企業は業種を問わず、こぞってSDGsへのコミットメントを発表しています。
なぜでしょうか？
そこには、SDGsに取り組まないことによる大きなデメリット（リスク）が存在しているからです。その大きなリスクは、「**ＥＳＧ投融資**」（ＥＳＧ投資）と呼ばれる金融のしくみです。
なお、「ＥＳＧ投資」という表現が一般的ですが、本書の読者であるものづくり中小企業では、「投資」よりも「融資」が一般的であるため、本書では「ＥＳＧ投資」の表現が適切であると考えられる場合を除き「ＥＳＧ投融資」と表記します。
ＥＳＧ投融資の「ＥＳＧ」とは、環境（Environment)、社会(Social)、企業統治（Governance）の頭文字をとった略語です。
企業／団体への投融資判断に際して、財務状況のみならず、環境・社会・企業統治の観点から適切な運用がされているか否かを考慮（評価）する考え方です。
わかりやすくいうと、ＥＳＧ投融資の考え方によれば、たとえば廃棄物の不適切処理、女性差別的な雇用制度、サービス残業の強制、不正会計等の問題を起こすような企業、いわゆる「ブラック企業」には投融資をしないということです。問題を起こすような企業は、問題発覚時の費用負担や市民社会からの批判等による経営悪化が考えられることから、投融資の対象として「不適格」と判断されることになります。
従来の価値観では、ＥＳＧ的な考え方は否定される傾向もありました。極端に酷い例ですが、
「環境設備はカネがかかるから、設置しない」
「女性は、子供ができたら辞めてもらう」
「残業は仕事ができない証拠だから、残業代は払わない」
というような経営も、本当に長い間日本に存在してきました。
現在の価値観において経営者がこれらの発言をしたとしたら「経営者失格」の烙印を押されることは間違いありません。ＳＮＳで“炎上”して、経営に大きなダメージを負う可能性も考えられます。

あなたが投資家や金融機関の融資担当者であったとしたら、そのような発言をする経営者や会社にカネを出したいと思わないでしょう。これと同じ考え方が、ＥＳＧ投融資です。

このＥＳＧ投融資が、世界の金融市場のきわめて大きな潮流となりつつあることを知っておく必要があります。

ＥＳＧ投融資の拡大と国連責任投資原則（ＰＲＩ）

このＥＳＧ投融資の考え方を、世界経済の中心に押し上げた動きの一つが「**国連責任投資原則**」(Principles for Responsible Investment。以下「ＰＲＩ」と略します）の発足です。

ＰＲＩは、2006年、国連のアナン事務総長（当時）が金融・投資機関向けに提案した行動指針（initiative）で、その目的は、「環境、社会、ガバナンス課題と投資の関係性を理解し、署名機関がこれらの課題を投資の意思決定や株主としての行動に組み込む際に支援を提供すること」とされています。つまり、投資家を支援して、金融市場におけるＥＳＧ投融資の拡大を図るための取組みです。

ＰＲＩは、次の６つの行動原則を定めています。[18]

- 私たちは投資分析と意思決定のプロセスにＥＳＧ課題を組み込みます。
- 私たちは活動的な所有者となり、所有方針と所有習慣にＥＳＧ問題を組み入れます。
- 私たちは、投資対象の企業に対してＥＳＧ課題についての適切な開示を求めます。
- 私たちは、資産運用業界において本原則が受け入れられ、実行に移されるよう働きかけを行ないます。
- 私たちは、本原則を実行する際の効果を高めるために、協働します。
- 私たちは、本原則の実行に関する活動状況や進捗状況に関して報告します。

◎ＰＲＩ署名機関および資産運用総額の推移◎

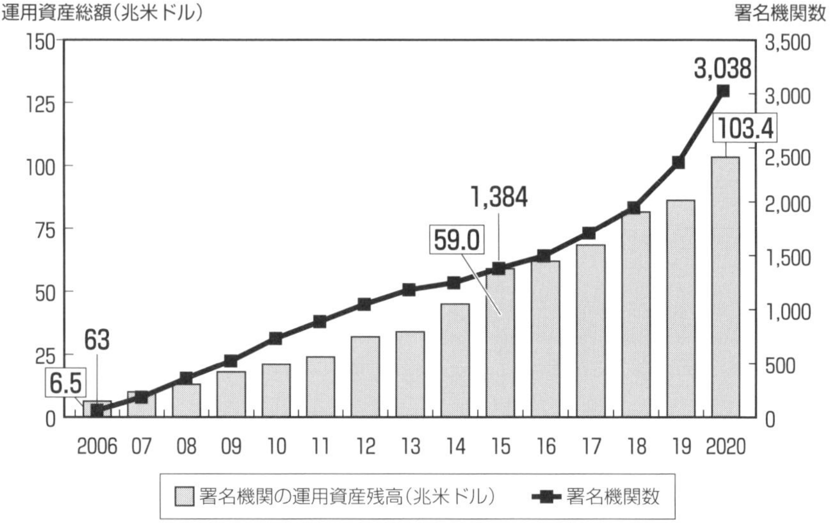

（データ出所：ＰＲＩ Association
“globalaumandaoaumexternaluselatest_341720.xlsx” をもとに筆者作成）

保険会社や金融機関等の機関投資家はＰＲＩに署名（参加）することによって、「もの言う株主」として投資対象にＥＳＧ課題への対応を求めることを市場に約束することになります。

2015年のＳＤＧｓ策定以降、ＰＲＩの署名機関数は大幅に伸びており、2020年３月末日時点の署名機関数は3,000機関、署名機関の運用資産総額では100兆ドル（約１京70兆円）を超える規模となっています（１ドル＝107円で計算）。ＳＤＧｓ採択の2015年以降、特に2019年から2020年は、非常に大きく数字が伸びていることがわかります。

日本企業では、2020年３月末時点で81機関が署名しています。[18]

世界市場全体におけるＥＳＧ投融資額も見ておきましょう（次ページ図を参照）。

現在では、世界全体の投資総額の３割強がＥＳＧ投融資となっています。その影響力を考えると、上場企業を中心とする機関投資家の評価を受ける企業は、ＥＳＧを配慮した経営をせざるを得ません。

◎世界のＥＳＧ投融資額の推移◎

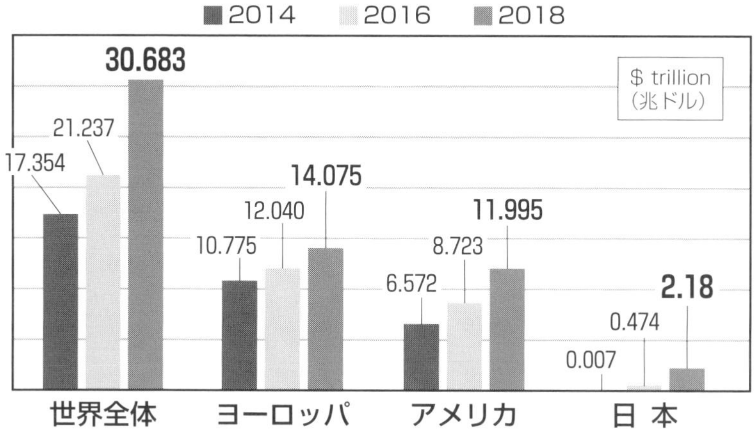

（データ出所：Global Sustainable Investment Alliance "2018 GLOBAL SUSTAINABLE INVESTMENT REVIEW" をもとに筆者作成）

業態としてＳＤＧｓへの対応から直接的に利益を創出しづらい企業であっても、こぞってＳＤＧｓにコミットメントしている背景の一つには、市場におけるＥＳＧ投融資の広がりがあるのです。

世界の金融市場におけるＥＳＧ投融資額は年々増加しつつあり、ＳＤＧｓ採択以降はその伸びが急増していることがわかると思いますが、特にその伸びが著しい地域があります。

それが日本です。

GPIF－ＰＲＩへの署名とその影響

ＥＳＧ投融資について、日本国内の流れを決定づけた出来事があります。

2015年９月、厚生年金・国民年金の運用管理を行なう「年金積立金管理運用独立行政法人」(Government Pension Investment Fund。以下「GPIF」と略します）のＰＲＩ署名です。

GPIFの運用資産額は、約169兆円（2019年度第３四半期末現在）[19] となっており、機関投資家として世界最大級の規模を誇っています。

◎GPIFの日本株式の主な保有状況（上位10銘柄：2018年度末）◎

銘　柄	時価総額（億円）
トヨタ自動車	13,184
ソフトバンクグループ	6,667
三菱ＵＦＪフィナンシャル・グループ	6,185
武田薬品工業	5,856
日本電信電話	5,731
三井住友フィナンシャルグループ	5,492
キーエンス	5,468
本田技研工業	4,724
ソニー	4,665
三菱商事	4,210
総　額	384,122

（2019年3月末時点）
（データ出所：GPIF「保有全銘柄について（2018年度の運用状況）」をもとに筆者作成）

GPIFは投資原則に、「さまざまな活動（ＥＳＧ（環境・社会・ガバナンス）を考慮した取り組みを含む）を通じて被保険者のために中長期的な投資収益の拡大を図る」［20］と掲げており、2019年３月末時点でのＥＳＧ関連運用額は約3.5兆円［21］となっています。

当然ながら、GPIFは国内企業にも投資しています。たとえば、トヨタ自動車への投資額は約１兆3,000億円。これは、トヨタ自動車の時価総額[11]の約６％弱となっています。

GPIFは、外部機関を通じて株式投資を行なっているため［22］、投資対象企業に対して株主としての直接的な影響力は有しません。しかし、資金の運用会社に対しＥＳＧを考慮した投資判断を求めているので、間接的ではありますが、自己のＥＳＧ投資に関わるプレッシャーを投資先の企業に与えることになります。

たとえば、公開されているGPIFのＥＳＧ投資指数のうち、社会（Social）分野の選定指数「MSCI日本株女性活躍指数（WIN）」は、日本の上場企業における女性の活躍状況を評価したものになってい

11　2020年６月10日時点での時価総額23,232,542百万円
出所：ヤフージャパンファイナンスhttps://finance.yahoo.co.jp/

ます [23]。評価基準や構成銘柄、さらにはそのスコア（ジェンダーダイバーシティスコア）も公表されているので、投資先となる企業は、その企業に見合ったパフォーマンスと情報公開が求められることになります。

このGPIFですが、その投資規模の巨大さから「クジラ」にたとえられることもあります。その動向が日本市場、投資先となる日本企業に与える影響は想像いただけることでしょう。

ダイベストメントと日本企業への影響

ＥＳＧ投融資が拡大を続けるなか、投資先のＥＳＧの取組みが不十分と判断された場合、または、不祥事や環境汚染等の社会問題を発生させた場合、その会社に投資された資金はどうなるのでしょうか。

その答えが、「**ダイベストメント**」（Divestment）です。

ダイベストメントは、投資不適格と判断した企業に関わる金融資産を引き揚げることを意味します。

それでは、どのような場合がダイベストメントの対象となるのでしょうか。

犯罪を含む法令違反や汚職等の不祥事の発覚といった場合を想像する人が多いと思いますが、ダイベストメントの考え方においては、企業活動をより広い範囲で評価する傾向があります。

たとえば、武器、兵器、たばこ、アルコール等の人々の命や健康を脅かす製品の製造企業、汚職体質にあると認められる企業、発展途上国における若年労働等の人権問題を抱える企業、鉱山や熱帯雨林開発等による環境破壊を招いた企業は、「投資不適格」の対象となり得ます。

この評価対象には、自社だけでなく、系列会社やサプライヤーも含まれているので、たとえば、商社経由で仕入れた製品の工場で児童労働が発覚したような場合も対象になる可能性があります。

このダイベストメントの対象として急増している分野が化石燃料

◎化石燃料ダイベストメント額の推移◎

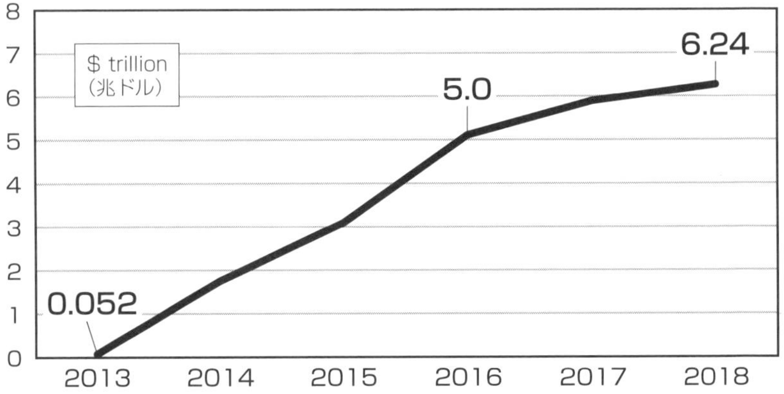

(データ出所：Arbella Advisors "The Global Fossil Fuel Divestment and Clean Energy Investment Movement 2018 Report" をもとに筆者作成)

(特に石炭) に関係する企業です。

2018年９月の時点で約1,000機関が化石燃料からのダイベストメントを表明しており、約6.24兆ドル（約668兆円。１ドル＝107円で計算）の資金がこの分野から撤退しています。[24] 2013年時点では、総額約520億ドルだったので、たった５年で約120倍という驚異的な伸び率となっています。

世界最大級の機関投資家であるノルウェー政府年金基金 (Government Pension Fund Global) は、積極的にダイベストメントを実施しており、投資不適格企業を公開していますが、そのなかには日本企業も含まれています。[25]

そのほとんどが電力会社です。石炭火力発電の依存度が高いため、「地球温暖化を促進する」ということが理由とされています。

この評価には、疑問を持つ人もいるかもしれません。たとえば、次のような反論です。

「日本の電力会社は、合法に事業活動を営んでいる。世界トップクラスの発電技術で、最先端の公害対策を行なっているのだから、やましいことは何もない」

「火力発電は、日本経済を支える基幹エネルギーとして政策も後押ししている。今後の技術革新により、さらなる高効率化が進むことで、エネルギー問題と環境問題の両方を解決できる」

企業経営の観点からは、どちらの主張も嘘はなく、間違いでもありません。しかしながら、気候変動という現実を前にして許容されない考え方になりつつある、ということをグラフは示しています。

つまり、日本の産業を支えているエネルギーそのものが、ＥＳＧやＳＤＧｓの評価において、問題を抱えてしまっていることになります。

なお、GPIFは、ダイベストメントを行なっていません。

これは、投資先の諸問題をダイベストメントにより「放棄」するのではなく、むしろ、問題を改善することで企業価値を高めるために株主としての発言力をより一層行使していく、という考え方にもとづいています。[21] これも「もの言う株主」の一つのあり方といえるでしょう。

とはいえ、先述のようにGPIFの直接の投資対象においては、ＥＳＧに関する不祥事をもって投資対象外としているケースがあるので、GPIFの資金についても当然、ダイベストメントを考慮しなければなりません。前述の「MSCI日本株女性活躍指数（WIN）」も、ジェンダーダイバーシティスコアに関わらず、ＥＳＧに関連する不祥事スコアが基準値を下回る企業を構成銘柄から除外しています。[26]

気候変動リスクへ「No!」

ＷＥＦ、ダボス会議における世界の政治経済のリーダーたちの危機感に示されるように、環境問題は現代社会における最大の、そして、喫緊の課題となっています。

とはいうものの、産業革命以来、資本主義経済は石炭・石油等の化石燃料の生み出すエネルギーに支えられて急速に発展してきました。その恩恵を受けて私たちの生活が成り立っていることは、まぎれもない事実です。

一時は枯渇の懸念があった石油ですが、採掘技術の向上やシェールオイルの発見等により可採年数は伸びる傾向にあり、少なくとも今後約50年程度は利用することができます。石炭の可採年数は150年以上残っており、[27] まだまだその恩恵にあずかることはできる状況です。

にもかかわらず、資本主義のメインプレイヤーの一角である機関投資家が脱化石燃料に舵を切ったのはなぜなのでしょうか？

それは、きわめて単純で、しかし深刻な理由があるからです。

日本でも事業を展開しているフランスのアクサグループ（AXA）は、世界最大級の保険・資産運用グループです。そのアクサが2017年12月に公開したプレスリリース [28] の冒頭の短い一文がその本質を簡潔に表わしています。

"A + 4℃ world is not insurable."

トーマス・ブバールＣＥＯの名前で出されたコメントは、温暖化がこのまま進み＋4℃となった世界が保険に適さないこと、つまり、温暖化による異常気象や疾病の増加等による損害額が、保険会社が保障できる領域を超えてしまい、ビジネスとして成立しなくなるということを公言したものです。

このプレスリリースのタイトルは、

「AXA accelerates its commitment to fight climate change」

「アクサは、気候変動との闘いを加速させる」です。

気候変動は、世界有数のグローバルカンパニーや産業そのものの存続に関わる事態になりつつあるのです。

IPCCの「1.5℃特別報告書」

世界の金融市場やエネルギー市場において、脱温暖化、脱化石燃料が急速に拡大している背景には、気候変動リスクの深刻化があります。

2018年10月にIPCCが発表した通称「1.5℃特別報告書」[12]は、人類の気候変動対策にさらなる努力を求めるものとなりました。

1.5℃特別報告書の要旨は以下のとおりです。[29]

- 産業革命以降の人間の活動は、約1.0℃の温暖化をもたらした。
- 現在の速度で温暖化が進行した場合、2030年～2052年の間に1.5℃上昇する可能性が高い。
- 自然環境の変化により、すでに、生態系や人間の生活に影響が及んでいる。
- 地球温暖化を1.5℃未満にとどめるためには、2030年までにCO_2排出量を45％削減（2010年比）、2050年には実質ゼロにしなければならない。
- 気温上昇が1.5℃にとどまった場合は、2.0℃上昇した場合に比べて影響（リスク）は小さいものとなる。
- パリ協定にもとづく各国の取組みでは、地球温暖化を1.5℃に抑えることはできない。

報告書は、パリ協定による世界の取組みでは、気候変動とその影響を抑えることができないことを予測するものとなっています。

2018年10月に発表された同報告書は、パリ協定から約３年の研究の成果として、気候変動問題がより人類にとって具体的かつ深刻なものとなりつつあることを示しています。

また、同報告書は、産業部門に求められるGHG削減量を1.5℃モデルで65～90％、2℃モデルでも50～80％としており、経済活動におけるさらなる気候変動対策の必要性を示唆するものとなっています。

12　原題：Global Warming of 1.5℃　An IPCC special report on the impacts of global warming of 1.5℃ above pre-industrial levels and related global greenhouse gas emission pathways, in the context of strengthening the global response to the threat of climate change, sustainable development, and efforts to eradicate poverty.（1.5℃の地球温暖化：気候変動の脅威への世界的な対応の強化、持続可能な開発及び貧困撲滅への努力の文脈における、工業化以前の水準から1.5℃の地球温暖化による影響及び関連する地球全体での温室効果ガス（GHG）排出経路に関するIPCC特別報告書）邦題は、環境省仮訳（2019年８月１日版）による。

拡大する気候変動イニシアチブ

機関投資家を中心とするダイベストメントの動きに対して、彼らの投資対象となる企業の側も、脱化石燃料、脱温暖化の動きを加速させています。

その取組みの例が「気候変動イニシアチブ」への参加です。「気候変動イニシアチブ」とは、加盟企業／団体等の環境保全活動を推進することを目的とする構想のことを指します（次ページ表を参照）。

このなかで「RE100」は、2016年にAppleが加盟したことで注目を集めました。RE100の意味は、「Renewable Energy 100%」です。

RE100参加団体は、2050年までに事業で使用する電力のすべて（100%）を再生可能エネルギーから調達することを約束しなければなりません。この約束には、絶対的な達成義務はありませんが、毎年、進捗状況の報告を義務づけられています。Microsoft、Google、BMW、P&G等世界の有力企業が参加しており、日本からも2020年３月現在、33社が参加しています。[30]

先ほどのダイベストメントは、投資家側からの脱化石燃料でしたが、RE100は、電力の需要家側からの脱化石燃料の動きです。大企業を中心にRE100を含む気候変動イニシアチブへの参加は、さらに拡大することは間違いありません。

その背景にあるのは、当然、ＥＳＧ投融資です。

世界の金融市場において脱化石燃料に向かう流れが非常に大きくなりつつある状況で、この動きが止まることはもはやあり得ないでしょう。

◎気候変動イニシアチブの例◎

名　称	概要・目的
RE100 (Renewable Energy 100%)	英国に本拠を置くNGO、The Climate GroupとCDPが運営する。参加企業が、2050年までに事業用電力の100%を再生可能エネルギーで賄うことを目的とする。参加企業は、BMW、GM、コカ・コーラ、Google、Facebook、スターバックス等。日本企業は、2020年3月現在33社が参加している。関連するイニシアチブに、EP100（エネルギー効率）、EV100（モビリティ）がある。
SBT (Science Based Targets)	CDP、国連グローバルコンパクト等が運営する。参加企業が、パリ協定の目標達成に資する温室効果ガス排出削減を達成することを目的とする。参加企業には、年2.5%以上の削減目標設定を義務づけ。2020年6月現在の883社、日本企業は95社が参加している。対象範囲は、サプライチェーン全体の排出量で、以下のすべてを含む。 ● Scope 1：参加事業者自らのGHG直接排出量 ● Scope 2：他社供給の電気、熱、蒸気の使用によるGHG間接排出量 ● Scope 3：Scope 1、2以外の原材料の採掘、材料調達、通勤、物流、外注加工、廃棄、消費者による使用等に伴うGHG排出量
気候変動イニシアチブ (JCI : Japan Climate Initiative)	CDPジャパン、WWFジャパン等が運営する。脱炭素化社会の実現に向けて日本国内のムーブメント創出と、国際社会における日本の役割の拡充をめざす。2020年6月現在、日本国内の478団体が参加。企業だけでなく、教育・研究機関、NGO等の団体、自治体、宗教団体等も参加している。

（出所：日本気候リーダーズ・パートナーシップ（JCLP）、RE100 project、Science Based Targets、気候変動イニシアチブ）

2－4

世界中の企業が、なぜＳＤＧｓに取り組むのか？
～資本主義の新たな覇権争い～

本章では、気候変動問題を軸にＳＤＧｓの背景と世界経済の動向を見てきました。最後に、一度整理してみましょう。

世界経済の側面

まずは、世界経済の側面からです。

産業革命以降の世界経済は、化石燃料を文字どおり“燃料”として生み出される富で急速に発展してきました。その富を最も享受してきたのは、資本家です。現在の金融市場におけるメインプレイヤーである機関投資家もまた、その恩恵を受けて成長を続けてきました。

しかしながら、2000年代に入り、化石燃料が生み出す負の側面が得られる富を上回ることが危惧されるようになった結果、化石燃料からの撤退を余儀なくされています。

当然それは、21世紀中盤以降に向けて、化石燃料に代わる世界経済の新たな“燃料”を探す必要性があることも意味します。

国際政治の側面

次に、国際政治の側面です。

「南北問題」に代表される経済格差や、発展途上国を中心に残る貧困、差別、感染症といった社会的・経済的問題。これらの問題は、21世紀初めまでは開発分野の枠組みのなかで、国連と各国政府を中心に問題解決が図られてきました。

しかし、これまでの体制と開発分野に限定した枠組みでは、気候変動という未曽有の危機への対応はもはや不可能です。

気候変動という同じ「敵」を前にして、世界経済も国際政治も、既存の枠組みを見直す必要に迫られたことになります。

これからの企業経営の課題

２－２では、ＳＤＧｓはその検討段階から営利セクターの参画を前提としていたことを説明しました。以下に再掲します。

「(略) 持続可能な開発のための共通言語を開発する時期が来たのである。これはつまり、持続可能な開発というパラダイムを経済学の主流に取り込むということである。」

「(略) 包括的かつ持続可能な成長を創出し、狭い意味での富を超える新たな価値を作り出すために、経済の力を利用することに賛成である。市場および企業家精神は、意思決定および経済的変化の大きな原動力となる。」[27]

これをＳＤＧｓやＥＳＧをめぐる動静に当てはめると、

- 持続可能な開発のための共通言語＝ＳＤＧｓ
- 持続可能な開発というパラダイム＝ＥＳＧ投融資
- 狭い意味での富＝化石燃料に由来するものを含む従来の資本主義が生み出す富
- 新たな価値＝（広い意味で）持続可能な開発が達成された世界

ということができます。

つまり、世界経済と国際政治との関係において、

- 国際政治の観点からは、開発問題を経済、環境分野にまで“開放”することによって、民間資本の化石燃料からの引上げを促すと同時に、その資本の活用による計画遂行が期待できる。
- 世界経済の観点からは、開発問題が経済、環境分野に“開放”されたことにより、化石燃料からの資本の撤退を実現すると同時に、その資本を投入する新たな市場を獲得できる。

ということができ、これらを、ＳＤＧｓやＥＳＧが可能とするのです。

２－２でＳＤＧｓは、その運用と目標達成を資本主義の論理に委ねていると書きましたが、言い換えるのであればこうなります。

「ＳＤＧｓの本質は、資本主義そのものである」

ものづくり中小企業を中心に、経済的観点からＳＤＧｓを考えることを目的とする本書では、ＳＤＧｓをめぐる世界の動静の本質を次のように評価したいと思います。

「化石燃料を推進力とする経済モデルの終焉に伴う、資本主義の新たな主導権争い」

しかし、ここでの争いは、産業革命以降の資本主義社会の最大の負の遺産である地球の気候変動を含め、社会課題の解決を図る、または、社会に新しい価値をもたらすものでなければなりません。そのためには、資本主義の競争を目的の方向に制御するためのルールが必要です。

この課題に対して、現代の世界の英知が導き出した回答。それこそがＳＤＧｓとＥＳＧ投融資というシステムです。スポーツにたとえるならば、

- 世界経済というグラウンドで戦うための共通ルールが「ＳＤＧｓ」
- その審判が「ＥＳＧ投融資」

ということができるでしょう。

「ＳＤＧｓは、新たな資本主義のルールとして世界を創り変えて（Transform）いく」

これからの企業経営における「リスクと機会」は、この観点に立たないとまったく見えてきません。

ＳＤＧｓの経済的機能と企業経営の関係を「社会課題を解決して収益を得ること」と理解するにとどまるのであれば、それはきわめて大きな勘違いであり、将来に向けた大きなリスクとなってしまいます。

新たなルールであるＳＤＧｓに組織として向き合い、対応を進めることが絶対に必要なのです。

3章

変わるルールと構造
——置いてけぼりの、
ものづくり中小企業

SDGsに関する新たな疑問

前章までは、ビジネスの観点からＳＤＧｓをどのように理解すべきかについて説明してきました。

読者の頭のなかから、それまでのＳＤＧｓの“イメージ”は消去されたのではないかと思いますが、その反面、新たにこのような疑問を持った人もいるのではないかと思います。

「ＳＤＧｓの本質が、資本主義の新しいルールや枠組みということはわかった。しかし、ＳＤＧｓが美徳や善行に依拠していないのであれば、投資家や市場に直接評価されない中小企業には、なおさら関係ないのではないか？」

たしかに、ＳＤＧｓが国際政治や金融市場における投資家と企業との関係の内にとどまるのであれば、日本のほとんどの中小企業はその枠組みの外にいることになります。

実際、日本証券取引所グループ（JPX）の各市場に上場している企業の総数は、2020年３月末現在で3,712社［31］。一方、国税庁の実施した統計によれば、平成29年度の国内法人数は269万3,956社［32］です。

上場企業の割合は、全企業のわずか0.1％程度ということになります。

日本のほとんどの企業は中小企業

大企業と中小企業という観点からも見てみましょう。

中小企業白書によれば、2016年、日本の企業の数で見た場合に大企業の占める割合はわずか0.3％。日本のほとんどの企業は中小企業です。中小企業はＧＤＰの52.9％を生み出しており［33］、日本経済は、中小企業が支えているといっても過言ではありません。であれば、

「世界経済においてＳＤＧｓやＥＳＧ投融資の影響力がいくら強くなったところで、日本の国内経済にそれほど影響はないだろう」

という見方も成立しうる、と考えることはできます。

しかし、この考えの根底にも、世界経済のルールが変わる「前」の思考の癖があることにお気づきでしょうか？　この考え方に至った人には、もう一度、1－4（☞27ページ）を読み返していただきたいと思います。

2030アジェンダとＳＤＧｓが私たちに求めていることは、「**世界の変革のための行動**」です。

「ＳＤＧｓは、新たな資本主義のルールとして世界を創り変えて（Transform）いく」のですから、この新しい時代のルールに対応するためには、旧来の価値観や思考の癖から創り変えていく必要があります。

本章では、ＳＤＧｓが変えつつある現在を見ていきますが、実際のところまったく初めて聞く話ではなく、むしろ必ず一度は聞いたことがある話のはずです。

問題は、ＳＤＧｓと現在の世界の動きとの関連についての無理解にあります。私たちは、ＳＤＧｓを通じて世界がどこに向かうのかのヒントを得ることができるということを知る必要があるのです。

3－1 日本型サプライチェーンとSDGs

製造業の産業構造の特徴

本書は、ものづくり中小企業を主な読者として想定していますが、そのなかでも、自動車等の部品メーカーを中心に考えています。つまり、大手メーカー系列に部品を供給するサプライヤー、すなわち「下請業者」ということになります。

日本の製造業の産業構造を見た場合、上場企業を頂点とする一次下請から六次下請（以下、下請については「Tier○」（○は次数）とします）までのサプライチェーンに属する企業の割合は約67％（2017年）［34］となっています。直取引ではなく、商社経由での取引をしている企業も含めると、サプライチェーンはさらに広い影響力を持っているといえるでしょう。

この数字は、大企業から零細個人事業まで、すべての事業者を対象とするものではありますが、日本が世界に誇ってきたものづくりを中小企業が支えてきたということは疑いようのない事実です。

日本型のサプライチェーンは「ケイレツ」と呼ばれ、長く日本のものづくりの強さの源泉となってきました。

ケイレツは、頂点に位置する大企業・完成品メーカーと、その下請にあたる部品供給メーカーとが、長期的・安定的な取引継続関係のもと、垂直統合型の企業間分業体制を構築することによってつくり上げてきたシステムです。

時代の流れによりケイレツという取引構造に対する認識や評価は変わりつつありますが、中小の部品メーカーにとって、完成品メーカーやTier1クラスの大企業との直接取引「口座」を持つことが目標やステータスであることに変わりはありません。

しかし、このケイレツ、日本型サプライチェーンが、いまその姿を大きく変えつつあるのです。

ここからは、自動車産業の「100年に一度の大変革」を例に、ＳＤＧｓがケイレツ企業（サプライヤー）に与える影響を考えていきます。

調達条件の変容リスク～SDGsの調達条件化の可能性

ＳＤＧｓがサプライチェーンに与える影響として、まず考えるべきは、ＳＤＧｓの調達（購買）条件化の可能性です。

ものづくり中小企業における「調達条件」といえば、たとえば顧客の各所管部門によるQCD、PQCDSME（Productivity、Quality、

Cost、Delivery、Safety、Morale、Environment）等の評価（監査）や、ＩＳＯの認証取得、経営状態等を想像する人が多いのではないでしょうか。

それでは、ＳＤＧｓの調達条件化といった場合には、どのようことを想定すればよいのでしょうか？

たとえば、現在においては、ほとんどの上場企業が調達方針を公表しており、取引先の企業に対して環境、人権、労働安全、ＢＣＰ（事業継続計画）等への取組みを要請しています。事業内容によりますが、Tier3くらいまでの企業であれば、上位企業の方針に従っているかを確認するための何らかのチェックリストの提出等が求められていることと思います。

現状においても、すでにＳＤＧｓ的な取組みが求められていることになるので、「ＳＤＧｓ時代」であるからといって、何も変化はないだろうと考えることも可能ではあります。

実際のところ、「まったく何も変わらない」可能性もないわけではありません。とはいえ、それはＳＤＧｓがまったく機能しなかった場合の話であって、この可能性は低いだろうと考えています。

その理由は、前述の世界経済におけるＥＳＧ投融資の広がりです。

いうまでもなく、サプライチェーンの頂点に位置する大手企業・上場企業は、市場において投資家や金融機関の厳しい評価を受ける立場にあります。

ＳＤＧｓが資本主義のルール化した今日において、「ＳＤＧｓの目標達成に貢献する」ことは、市場の評価を獲得する（逃さない）ための重要な要素となるので、大手企業・上場企業が取り組まないという選択肢はあり得ません。その影響は当然、サプライチェーンにも及ぶことになります。

それを考えるために、ＳＤＧｓに関わるテーマのなかでも喫緊の課題である気候変動問題について、自動車メーカー日独４社の取組みを次ページ表にまとめてみました。[35][36][37][38][39][40][41]

◎自動車メーカー日独４社の気候変動対策（抜粋）◎

会社名	気候変動対策に関わる主な取組みと目標値（抜粋）	
トヨタ	車両	• 2025年：CO_2排出量30%以上減（2010年比） • 2025年：電動車550万台以上、電気／燃料電池車計100万台以上 • 2050年：CO_2排出量90%以上減（2010年比）
	$LCCO_2$（※）	• 2030年：25%以上削減（2013年比） • 2050年：ゼロ（Scope3）
	その他	• 工場からのCO_2排出量2030年35%削減、2050年ゼロ（2013年比） • 省エネ発電事業への大規模投資 • 調達方針においてサプライヤーに製品ライフサイクルでのGHG削減を要請
日産	車両	• 2022年にCO_2排出40%減（2005年度比） • 2050年に同90%減（2005年度比）
	活動	• 2022年に販売台数あたりのCO_2削減30%（2005年度比） • 2050年までに企業活動からのCO_2排出削減80%（2005年度比）
	その他	• 調達方針においてTier2以降のサプライヤー管理を要請
フォルクスワーゲン	車両	• 2025年：電気自動車の製品割合20～25% • 2030年：同40%
	$LCCO_2$	• 2025年：30%削減（2015年比） • 2050年：ゼロ
	その他	• サプライヤーへの参加要請 • 子会社による再生可能エネルギー100%電源供給事業 • 新燃料開発
ダイムラー	車両	• 2030年までに販売台数の50%以上をPHV・EV化
	$LCCO_2$	• 2039年までにゼロ
	その他	• 主要生産資材のサプライヤーとの契約においてCO_2削減目標を設定 • 2022年までに欧州生産におけるCO_2排出ゼロ。2039年までに世界生産におけるCO_2排出ゼロ（Scope3） • 2030年までに生産に掛かるCO_2排出50%減 • 再生可能エネルギー供給インフラ整備

（※）$LCCO_2$＝ライフサイクルCO_2

ここで注目していただきたい言葉は、「**LCCO_2**」（**ライフサイクルCO_2**）という言葉です。簡単に説明すると、「自動車をつくるための資源の採取から、製造、使用、廃棄に至るまでのすべての過程で発生する二酸化炭素の量」ということになりますが、実際に運用するには、この「ライフサイクルCO_2」を、どのように計算するかを考えなければなりません。

たとえば、原料・資源については、自動車メーカーが自社で採取・採掘するということはあり得ませんから、実際に採取・採掘を行なう会社が排出する二酸化炭素の量が算定されることになります。

同じように部品の製造過程を考えてみましょう。

各自動車メーカーの部品内製率は30％程度といわれており、多くの部品をつくっているのは下請企業です。資本関係がある企業を除き、完成車メーカーとはまったく生い立ちの違う別の会社が部品をつくっていることになります。

にもかかわらず、ライフサイクルでのCO_2削減が公表されているという事実に注目しなければなりません。

つまり、そのメーカーに部品を供給しているサプライヤーが排出するCO_2が算定対象になるということです。であるとすると、そのサプライヤーもまた、自社のCO_2排出量に無関心というわけにはいきません。

ものづくり中小企業の立場からすれば、（特に下位の）下請企業にもCO_2削減が求められるのか、求められるとすれば、どの程度削減しなければならないのかが大きな問題となります。

本書を執筆している2020年４月において筆者が接点のある部品メーカーにおいて、将来に向けた“具体的な”削減要求がなされたという話は聞いていませんが、今後については楽観視できない状況と考えておいたほうがよいでしょう。

というのは、前ページの表にもあるように、各メーカーは調達条件においてTier1サプライヤーに自社の環境プログラムへの協力を要請しています。そのなかには、Tier1の責任としてTier2以降の管理も含まれているので、Tier1サプライヤーは自社の下請企業のCO_2削減を含む環境活動を、“本来は”自社と同様に推進しなければなりません。

“本来は”と記したのは、従来は日本のものづくり企業の“環境性能”が高いことを背景に、CO_2削減のための取組みをわざわざしなくても特段の問題が生じなかったからです。

しかし、CO_2を含むGHGの削減が完成品メーカー自体の評価に直結する時代となったからには、従前と同じというわけにはいきません。

その一つの表われが、GHG排出量の算定対象の拡大です。

Scope3まで対象が広がった場合には、（理屈としては）町工場レベルでも算定対象となるので、何らかの形でGHGの削減を求められる可能性は十分にあり得ます。

◎サプライチェーン排出量の算定対象のイメージ◎

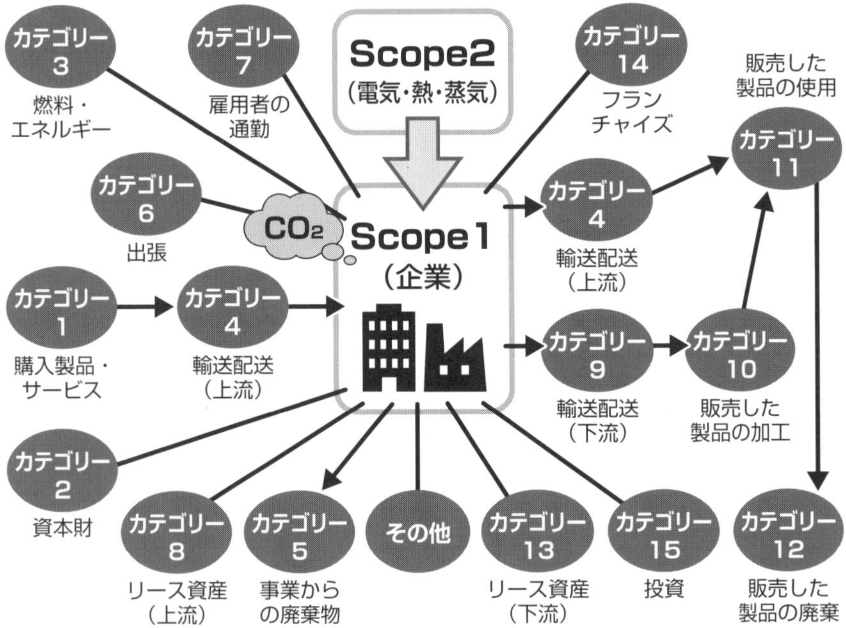

（定義は環境省・経済産業省作成のものをもとに筆者作成）

◎サプライチェーン排出量の算定対象の内容◎

Scope		内　容
Scope1		事業者自らにより温室効果ガスの直接排出（燃料消費・工業プロセス）
Scope2		他者から供給された電気、熱、蒸気の使用に伴う間接排出
Scope3（Scope1、Scope2以外）	カテゴリー1	原材料・部品・容器・包装等が製造されるまでの活動に伴う排出
	カテゴリー2	自社の資本財の建設・製造に伴う排出
	カテゴリー3	Scope1、2に含まれない燃料およびエネルギー関連活動 ・調達している燃料の上流工程（採掘・精製等）に伴う排出 ・調達している電力の上流工程（発電に使用する燃料の採掘・精製等）に伴う排出
	カテゴリー4	①対象年度に購入した製品・サービスのサプライヤーから自社への物流（輸送、荷役、保管）に伴う排出 ②対象年度に購入した①以外の物流サービス（輸送、荷役、保管）に伴う排出（自社が費用負担している物流に伴う排出）
	カテゴリー5	自社で発生した廃棄物の輸送、処理に伴う排出
	カテゴリー6	従業員の出張に伴う排出
	カテゴリー7	従業員が通勤する際の移動に伴う排出
	カテゴリー8	自社が賃借しているリース資産の操業に伴う排出（Scope1、2で算出する場合を除く）
	カテゴリー9	自社が販売した製品の最終消費者までの物流（輸送、荷役、保管、販売）に伴う排出（自社が費用負担していないものに限る）
	カテゴリー10	事業者による中間製品の加工に伴う排出
	カテゴリー11	使用者（消費者・事業者）による製品の使用に伴う排出
	カテゴリー12	使用者（消費者・事業者）による製品の廃棄時の処理に伴う排出
	カテゴリー13	自社が賃貸事業者として所有し、他者に賃貸しているリース資産の使用に伴う排出
	カテゴリー14	フランチャイズ加盟者における排出
	カテゴリー15	投資の運用に伴う排出
その他		従業員や消費者の日常生活に伴う排出等

特に、自社が属するサプライチェーンの下流に、環境活動に熱心な海外メーカーがある場合は注意が必要です。52ページで説明したRE100に関わり、Appleの調達戦略が日本企業にも大きな影響を与えたことは有名な例があります。

その企業は、電気機械メーカーであるイビデンです。Appleの環境戦略に日本で最初の“パートナー”として参画しています。

同社は電力会社からスタートしており、もともと水力発電所を所有する等、電力の自家発電比率の高い企業ですが、Appleの再生可能エネルギー導入の要請に応え、水上太陽光発電所の建設を含む太陽光エネルギーへの大規模投資を実施し、Apple向け製品を100％再生可能エネルギーで生産しています。

イビデンも上場企業であり、Appleの件を抜きにしてもＥＳＧ投融資の拡大に対応せざるを得ない立場ではありますが、サプライチェーンにおけるＳＤＧｓ・ＥＳＧの調達条件化を考えるよい例といえます。

自動車産業においても、Tier1、2クラスの企業は世界中のメーカーと取引をしているので、海外メーカーの環境戦略によっては日本のものづくり中小企業にまで影響が及ばないとも限りません。

ここまで生産に直結する要素として気候変動を見てきましたが、当然ＳＤＧｓの他の目標、たとえばGoal５「ジェンダー平等を実現しよう」に関わる女性役員の登用や、Goal８に関わる外国人技能実習生の待遇改善等が調達条件化する可能性も当然あり得ます。

また、後述しますが、Goal14「海の豊かさを守ろう」に関わる「プラスチックストロー」の例等は、ＳＤＧｓやＥＳＧに関わる問題が、製品の調達条件の域を超え企業や業界全体の存続を左右しかねないということを如実に表わしています。ＳＤＧｓが創り出す世界においては、ある日突然、それまでの「価値観」が根底からひっくり返るようなことすら起こり得るのです。

Scrap & Build “ケイレツ”の変容と新しい枠組み

ＳＤＧｓがものづくり企業のサプライチェーンに与える影響としてもう一つ考えなければならないことは、サプライチェーン自体の変容です。いま自動車業界では、ＳＤＧｓがその一翼を担う技術革新により、サプライチェーンの構造が大きく変わりつつあります。

ここで重要な意味を持つのが、「CASE」や「MaaS」という言葉です。

CASEは、Connected（コネクティッド）、Autonomous／Automated（自動化）、Shared（シェアリング）、Electric（電動化）の頭文字をつなげた言葉で、モノとしての未来の自動車とサービスとしてのモビリティの可能性を示す造語です。2017年にダイムラーが最初に提唱したコンセプトですが、現在では、多くの自動車関連メーカーが同様のコンセプトを打ち出しています。

このCASEですが、自動車とネットワークがつながることにより、ドライバーへの情報サービスの提供、自動運転による事故防止、自動配送、リアルタイムな運行管理や車両監視、ライドシェアによる地域交通サービス等の実現が期待されています。

一方、MaaSは、Mobility as a Serviceの略で、その定義は必ずしも定まってはいませんが、「ＩＣＴ(Information and Communication Technology：情報通信技術）の活用により、マイカー以外のすべての交通手段を一つのサービスに統合すること」といった意味で用いられる言葉です。

自動車を中心に考えるならば、所有を目的とした商品の一類型から、公共交通インフラの構成要素へと存在を昇華させる考え方といえるでしょう。

先行する海外の事例では、スマートフォンのアプリを使って、ある地点からある地点までの「移動」のすべてを一つのサービス[13]と

13　フィンランドのWhim社、台湾の高雄市の「Men Go」など。

◎トヨタのCASE・MaaS領域に関わる主な発表◎

発表年月	相手先企業名	主な目的
2015/12	Preferred Networks	AI技術の研究開発
2016/4	Microsoft	情報解析・商品開発のための合弁会社設立
2016/5	Uber	ライドシェア領域における協業検討
2016/6	KDDI	グローバル通信プラットフォームの構築
2017/4	筑波大学	Society 5.0実現のための研究センター開設
2017/6	LINE	コネクティッドカーサービスの協業
2017/8	Grab	配車サービス領域における協業
2018/4	パーク24	カーシェアリングサービスに関する業務提携
2018/5	ALBERT	自動運転技術に関するビッグデータ分析に関する業務提携
2018/6	Grab	モビリティサービス(MaaS)領域の協業拡大
2018/10	ソフトバンク	モビリティサービスに関する共同事業
	東京海上日動火災保険	自動運転の実現に関する業務提携
2019/5	パナソニック	街づくり事業に関する合弁会社設立
2019/7	Didi Chuxing	中国でのモビリティサービス(MaaS)領域の協業
2019/12	西日本鉄道・JR九州	スマートフォン向けモビリティサービスの提供
2020/1	JobyAviation	空のモビリティ事業の実現
2020/3	NTT	スマートシティビジネスの事業化

(データ出所:トヨタ自動車株式会社ホームページより筆者まとめ)

して提供する例があります。これまで、各自で調べて手配する必要のあった移動手段(公共交通機関、タクシー、レンタカー等)を、一つのアプリ内でサービスとして完結させ、決済も一括で行なうことを可能にするしくみとなっています。

CASEとの融合により、渋滞の解消や公共交通機関の有効活用、過疎地域での交通手段の確保、環境影響の低減等が期待されます。

CASEもMaaSも、SDGsが掲げるイノベーションによる社会課題解決型のビジネスモデルです。

特にMaaSは、個人所有するものという自動車の“価値観”を、根底から変える可能性すらあります。たとえば、トヨタは電気自動車のコンセプトカー“e-Palette Concept”を発表し、MaaS戦略を進めています。同社の豊田章夫社長は、トヨタ自動車を自動車メーカーから「モビリティカンパニー」へと変化させることを公言［42］していますが、そのための施策が、これまで自動車とは縁の薄かった異業種との積極的な提携や共同開発等の推進です。

これらCASEやMaaSのビジネスモデルにおける異業種との提携は、サプライチェーンの形を変えていきます。

CASAやMaaSが創り出す新しいサプライチェーンモデルにおいては、絶対的な頂点は存在しません。コアとなるいくつかの企業を中心としたマトリクス型あるいはクモの巣型のサプライチェーンモデルが主流になると考えられます。

トヨタの新しい街づくり

このCASE、MaaSに関して、トヨタは日本で初めての試みをしようとしています。それが、東富士工場跡地に建設する実験都市“Woven City”（ウーブンシティ）です。

「トヨタがなぜ街をつくるのか？」という疑問を持った人もいるかと思います。技術開発や新しいビジネスモデルを進めるためだけであれば、街をつくる必要まではないはずです。それを、自動車会社であるトヨタと、そのパートナーであるＮＴＴ等が主導するというのは、これまでの感覚でいえば違和感があります。

“これまでの”と書いた理由ですが、２－４（☞54ページ）でＳＤＧｓをめぐる動静を「化石燃料を推進力とする経済モデルの終焉に伴う、資本主義の新たな主導権争い」としたことを思い出していただきたいと思います。

これまでの産業分野別の競争が続くのであれば、トヨタやＮＴＴは、その地位、ピラミッドの頂点を維持することができますが、これからの時代はCASEやMaaSが示すように産業構造自体が変わっていきます。

いままでの「自動車会社」という狭い枠組みにとどまるのであれば、トヨタであっても、たとえばGoogleやHuaweiといったさまざまな業界をつなぐ“新しい技術”をもつ企業の「下請」になってしまう恐れがあります。
　そこでトヨタやＮＴＴは、これからの時代も主導権を握るための戦略の一つとして自ら「街をつくる」という選択をしたのです。
　技術やアイデアを実証するための「場所」をつくることによって、その「場所」を求めるさまざまな企業や行政機関が集まってきます。新しい仲間が集まれば集まるほど、さらなるシナジー（相乗効果）、イノベーションが生まれることを期待できます。
　この街は、近い将来、間違いなく日本のCASE・MaaS時代の新しい街づくりのモデルになります。この街で得られたデータをもとに、新しい政策や法制度が導入されることもあり得るでしょう。
　つまり、トヨタやＮＴＴ等は街をつくるにとどまらず、**新しい社会のあり方そのものを主導する**ことをめざしているのです。

　本書では自動車業界を中心に考えていますが、街をつくるということは、その影響は自動車業界にとどまらないことを意味します。すべての物がつながる（Connected）のであれば、ＩＴ産業は当然として、電気・通信・機械装置・設備等に関わる製造業、建設・物流等の製造業に隣接する産業も当然に巻き込まれていきます。
　CASEやMaaSの発展過程においては、それぞれの業界にストーリーが存在することを忘れてはいけません。
　ＳＤＧｓのいうところの「イノベーション」は、科学技術的な観点だけではなく、事業のあり方、さらには、社会のあり方そのものの「イノベーション」でもあるのです。
　そして、これは自分たちに関係のない世界の出来事でもなく、将来の出来事でもない。まさにいま現在進行している事実である、ということを理解しなければなりません。
　ＳＤＧｓ時代の経営を考えるということは、業界や既存のサプライチェーンの枠組みを外して、自社をこの新しい社会で構築されるビジネスネットワークのどこに位置させるか、を考えることに他なりません。

3－2

国家間競争としての環境シフト ～勝者の見えないチキンレース（？）

まず本書では、自動車のエネルギー方式の違いにより、内燃機関を一切搭載しない電気自動車を「ＥＶ」、ハイブリッド車を「ＨＶ」、プラグインハイブリッド車を「ＰＨＶ」、燃料電池車を「ＦＣＶ」と略します。また、自動車に関する記載は、特に注釈のない場合、小型乗用車および小型貨物車（バン車等）についての記載とし、大型車や特殊車両は含まないものとします。

世界の自動車メーカーの目標設定

３－１では、企業間取引の枠組みでＳＤＧｓを考えてきましたが、少し視野を広げて考えてみましょう。

現在、世界の温暖化効果ガスの発生量のうち、約２割が、自動車を含む輸送部門から排出されています。[43]

したがって、62ページ表の例にあるように、世界中の自動車メーカーが、車両の環境性能の向上や企業としての温暖化効果ガス抑制等の施策に積極的に取り組んでいます。

たとえば、トヨタが62ページ表にある施策・目標を定めた「トヨタ環境チャレンジ2050」を掲げたのは2015年のことです。2015年といえば、ＳＤＧｓ、パリ協定が定められたのと同じ年。「トヨタ環境チャレンジ2050」の背景にも、当時の世界経済における環境意識の高まりが存在することはいうまでもありません。

この自動車に関わる気候変動対策を世界の各地域別に見た場合、特に積極的に進めている地域が欧州です。

62ページ表の例でも、欧州のフォルクスワーゲン（以下「ＶＷ」と略します）とダイムラーの２社は、日本メーカーの一歩先をいく非常に強気な目標設定となっています。

◎VWの脱CO_2に関わる発表◎

発表年月	発表内容
2018/6	CO_2回収のための合計100万ヘクタールの熱帯雨林保護プロジェクトに調印
2018/11	主要工場の2022年までのEV専用工場化を実施
2019/1	グループ会社の、ドイツ全土に100%再生可能エネルギー供給について
2019/3	ハンガリーの物流センターにヨーロッパ最大の太陽光発電システムを建設開始
2019/4	中国企業から、今後10年間のリチウム供給を確保
	2028年までにEV1,100万台以上を中国で生産予定
	EV車のCO_2排出量における優位性について
2019/5	グループ会社ベントレー、電力の100%を再生可能エネルギーから調達
	カーボンクレジット(排出枠)購入により、株主総会から排出されるCO_2を相殺
	約10億ユーロのバッテリー投資を承認
2019/6	100%水力発電で稼働するデータセンターをノルウェーに開設
2019/7	持続可能性に関するサプライヤー評価を開始
	環境ビジョン「goTOzero」発表
2019/9	ID.3由来のCO_2を回収するため、ボルネオ島の森林保護プロジェクトに投資
2019/11	EV世界戦略車ID.3生産開始
	米国でのEV生産工場建設に着手。2020年生産開始予定
	中国における電気モビリティ分野への投資発表（約16億ユーロ）
	2029年までにEV75車種、HV60車種を市場に投入。EV2,600万台、HV600万台販売予定
2019/12	グループ会社スコダのインド工場で、年間1,220万kWhを太陽光で発電予定
2020/1	工場電力の再生可能エネルギー比率の増加・石炭発電からの撤退を決定
	2,500万ユーロ／年のCO_2削減のためのグループ内ファンドにより、CO_2年間17万tを削減
2020/3	投資家向けのグリーンファイナンスフレームワークを発表
2020/4	中国企業との急速充電スタンド事業における協力関係
2020/5	スウェーデン企業との合弁事業にバッテリー投資4.5億ユーロを実施
2020/5	グループ企業スカニアが大型商用車初のSBTi承認

（出所：フォルクスワーゲン・ジャパン、Volkswagen.AGに掲載された
プレスリリース、メディアニュースから抜粋して筆者作成）

もう一つ注目すべきはそのスピード感です。

ＳＤＧｓやパリ協定が世に出たこともあり、自動車メーカー各社

が環境問題・気候変動対策への取組みを積極的に表明するようになっていますが、そのなかでもトヨタと並ぶ世界最大の自動車メーカーであるＶＷの攻勢には目を見張るものがあります。

1.5℃特別報告書が発表された2018年以降のＶＷのプレスリリースから、環境関連のトピックスを前ページ表に抜粋してみましたが、非常に速いペースで発表が続いていることがわかります。

これらの発表は、大きく分けると二つの視点でつくられています。

一つめは、発表時点で達成した、または達成が確実である、との発表。もう一つは、近い将来に向けた環境戦略についての発表です。

どちらも、非常に大胆で野心的な発表となっており、ＶＷが環境問題・気候変動に本気で取り組んでいるということを読む者に印象づける内容となっています。

他の欧州メーカーも総じて、ＶＷと同様に環境問題・気候変動対策に関する外部コミュニケーションを活発化させています[14]。ＶＷを筆頭に、欧州各社が、2015年から2020年に至るほんの数年間という非常に短期間のうちに、経営の価値観を環境（や持続可能性）へシフトさせていることは疑いようのない事実です。

その背景には、ＥＳＧ投融資の拡大に加え、CO_2規制の存在があります。

世界的に見てもＥＵは特に厳しく、「**CAFE規制**」という罰則付きの制度となっています。CAFEとは、Corporate Average Fuel Efficiencyの略で、単独車種ではなく、新車乗用車出荷台数の企業別平均燃費を規制する考え方です。

2021年までに95ｇCO_2／km以下を達成できないメーカーには、超過ｇ／kmあたり92ユーロが課せられることになっています［44］。

14　たとえば、BMW：https://www.bmwgroup.com/en/responsibility/sustainability-at-the-bmw-group.html、ダイムラー：https://www.daimler.com/sustainability/、ルノー：https://group.renault.com/en/our-commitments/respect-for-the-environment/、フィアット・クライスラー・オートモビルズ：https://www.fcagroup.com/en-US/sustainability/Pages/default.aspx

◎欧州各国の政策（内燃機関の販売規制）の例◎

国・地域	施策・方針
英国	2040年までに、ガソリン・ディーゼル車の販売終了
アイルランド	2030年までに、ガソリン・ディーゼル車の販売終了
フランス	2040年までに、ガソリン・ディーゼル車の販売終了
ノルウェー	2025年までに、ガソリン・ディーゼル車の販売終了
オランダ	2030年までに、ガソリン・ディーゼル車の販売終了
スウェーデン	2030年までに、ガソリン・ディーゼル車の販売終了
・英国は、ジョンソン首相が、2035年までにHVを含む内燃機関車の販売禁止を表明している。 ・規制対象範囲は各国必ずしも明確ではないため、日本の環境省（税制全体のグリーン化推進検討会）における解釈に依拠している。	

（データ出所：環境省（税制全体のグリーン化推進検討会）資料を参考に各国政府資料から筆者作成）

さらに、2025年からは15％、2030年からは37.5％削減（ともに2021年比）が決定［45］しています。とあるコンサルティングファームの分析結果［46］［47］では、ほとんどのメーカーが対応できないのではないかという厳しさです。その結果、自動車メーカー各社はＥＶへ活路を見出さざるを得ない状況[15]となっています。

加えて、欧州においては、近い将来に従来型の内燃機関の販売自体を禁止するというきわめて強力な政策を打ち出している国があります。［48］［49］［50］［51］［52］［53］［54］

「根回し」をよしとしてきた日本とは文化的な背景が違うといってしまえばそれまでですが、国策としての環境シフト、特にＥＶ化が強引なまでに進められているということがおわかりになるかと思います。

15　トヨタは、「トヨタ環境チャレンジ2050」におけるEV・FCV100万台販売目標を、当初予定の2030年から2025年に前倒ししている。

3－3

出遅れた日本と置いてけぼりの中小企業

日本の現状は…

問題は、日本の状況です。

日本企業の性格上、確実・着実な取組みが進められているとは考えられるものの、日本メーカーを総じて見た場合、環境戦略、特に情報戦では、欧州勢に後れを取っている印象がぬぐい切れません。

政策レベルについて見てみると、日本の2030年度からの燃費基準では欧州同様CAFE方式を採用し、求められる水準もほぼ同等（2016年比32.4％の燃費改善）となっています。[55]

しかし、計算方法に違いがあり、ＥＵが車両の走行によって発生するCO_2のみを算定対象とする“Tank to Wheel”（燃料タンクから車輪まで）を採用しているのに対して、日本は燃料をタンクに入れるまでに発生するCO_2も算定する“Well-to-Wheel”（油井から車輪まで）を採用しています。

この違いが、**ＥＵの考え方では内燃機関に厳しく、日本の考え方ではＥＶに厳しい**結果を生んでいます。

加えて、（本書執筆時点では）日本は内燃機関そのものに関する規制方針を打ち出してはいません。

その結果、ＥＵの制度がメーカーを日本の得意とする内燃機関からＥＶに転向を促すものであることに対して、日本の制度は日本の得意とする内燃機関を存続させるものである、ということも可能となっています。

本書の本旨ではないので、地球環境保全の観点から日本企業の取組みや日本政府の政策について評価をすることは差し控えます。もちろん、日本とＥＵのどちらの政策が正しいということでもありません。

そもそも、高度経済成長期の公害問題を経た日本企業の環境への取組みや使用される設備・機器の環境性能は、非常にレベルの高いものです。現状として、世界に比べて後塵を拝しているわけでは決してなく、むしろＨＶで培った技術等で世界をリードする側面もあることは紛れもない事実です。

バブル崩壊からリーマンショック、そして現在に至る過程でかつての勢いは失ったとはいえ、ＳＤＧｓ以前の価値観であれば日本企業の優位性は続いていたでしょう。

しかしＳＤＧｓは、新たな資本主義のルールとして2030年に向けて世界を創り変えていきます。そこで、求められているものは、現在の延長線上（フォアキャスティング）ではなく、2030年からの逆算（バックキャスティング）での取組みであり思考方法です。

現在の日本メーカーの状況を世界経済の新たな審判であるＥＳＧ投融資のシステムが、どのように評価するかが問題となりますが、ＥＳＧ投融資と化石燃料からのダイベストメントの拡大傾向を考えると、苦戦を強いられる可能性は十分に考えられます。

陰謀論的な表現にはなってしまいますが、ＳＤＧｓもＥＳＧも、社会課題の解決を資本主義に委ねるために生み出された論理であることを考えると、その本丸である欧州各国は、気候変動への対応を通じて、自勢力が優位になる状況をつくり出そうとしていると考えるほうがむしろ無理がありません。

ＳＤＧｓという新しいルールとＥＳＧ投融資という新しい審判は、これまでの世界のヒエラルキー（階層構造／強者による弱者の支配関係）を破壊する（しようとする）ものでもあるのです。

本書の論旨にかかる最大の問題点は、この視点が市井、特に中小企業に欠けているということです。自動車業界については、電動化が進むことによる大きな危機感がありますが、それでもＳＤＧｓやＥＳＧという文脈で自社の市場を取り巻く環境の変化が十分に理解されているとは言い難い状況となってしまっています。

ＳＤＧｓを切り口にして、世界の、そして日本国内のヒエラルキーがどのように変化するのかを見きわめる必要があるのです。

特に、ものづくり中小企業においては、ＳＤＧｓやＥＳＧという観点で自分たちがどのように評価されているのかを知っておく必要があります。

3－4 先行事例はどこにある？
～ものづくり企業がアワードで１社も選ばれない！

「ジャパンSDGsアワード」とは

「ジャパンＳＤＧｓアワード」（以下「アワード」と略します）をご存じでしょうか。

2017年から始まった「ＳＤＧｓの達成に向けて、優れた取組みを行なう企業・団体等を表彰する」制度です。「持続可能な開発目標（ＳＤＧｓ）達成に向けた企業・団体等の取組みを促し、オールジャパンの取組みを推進する」ことを目標とし、ＳＤＧｓ推進円卓会議[16]が主幹しています。[56]

最優秀賞である「ＳＤＧｓ推進本部長（内閣総理大臣）賞」に選ばれた団体は次のとおりです。[57]

- 第１回（2017年度）…北海道下川町
- 第２回（2018年度）…株式会社日本フードエコロジーセンター（神奈川県相模原市）
- 第３回（2019年度）…魚町商店街振興組合（福岡県北九州市）

16　日本のSDGsの取組みを推進するために、政府のＳＤＧｓ推進本部の下に設置された会議で、政府、行政、国際機関の関係者、民間の有識者等で構成される。

第１回と第３回は、自治体・地域として地方創生、地域振興の観点からＳＤＧｓを推進していることが評価されています。

第２回は、一般企業が受賞していますが、食品廃棄物リサイクル飼料を開発したことによる飼料自給率向上による安全保障への貢献や、ブランド豚の飼育等の循環型ビジネスモデル構築等が評価されています。

どれも「ＳＤＧｓに貢献するビジネスモデル」のお手本のような取組みといえるでしょう。

「推進本部長賞」の他にも、「ＳＤＧｓ推進副本部長（内閣官房長官／外務大臣）賞」、「ＳＤＧｓパートナーシップ賞（特別賞）」があり、計38団体（第１回12団体、第２回15団体、第３回11団体）が受賞しています。受賞団体は、伊藤園、滋賀銀行等のＳＤＧｓを積極的に進めている企業、日本青年会議所（ＪＣ）、保育園・小学校、地方自治体等で、変わったところではお笑いの観点からＳＤＧｓに取り組む吉本興業も含まれています。

計３回のアワードの受賞団体ですが、そのすべてに共通していることがあります。それは、発展途上国や社会的弱者、食品ロス等の社会課題の源泉に直接アプローチする商流や商品サービスを持っているということです。

ということは、それらを持っていない企業や団体の場合はどうでしょうか。

その答えは、ご想像のとおりです。

本書発売時点までに開催された全３回において、工業系BtoBのものづくり企業は、事業規模を問わず１社[17]も選ばれていません。

このことは、必ずしもものづくり企業におけるＳＤＧｓへの対応が遅れているということを意味するものではありませんが、日本におけるＳＤＧｓのフィールドにおいて、ものづくり企業の存在感が

17　製造業としては、化学薬品の分野で住友化学株式会社がマラリア対策事業（防虫処理蚊帳の製造等）で受賞している。

希薄であるということは否めません。

実際には、ＳＤＧｓがつくり出す世界を見すえ、先進的な取組みや組織構造の変革を進めているものづくり企業はいくらでもあります。

たとえば、経済産業省が発行している「製造基盤白書」（ものづくり白書）では、日本のＳＤＧｓ政策との関連が深いSociety5.0[18]の事例として、多くのものづくり中小企業が紹介されています。

にもかかわらず、ＳＤＧｓという枠組みで見た場合には、工業系のいわゆるものづくり中小企業の先行事例はほとんど見つかりません。

3－5 地方経済とSDGs

ここまでは、自動車業界のサプライチェーンを中心に考えてきましたが、サプライチェーン外で事業をしている事業者にＳＤＧｓの影響はあるのでしょうか。

ＳＤＧｓを世界経済やサプライチェーンの観点から見た場合には、たとえば、

「ウチは当然、上場なんてしていないし、大手企業との取引もしていない。家族経営だから、世界の投資家が何を言っても経営に影響はないので、ＳＤＧｓがどうとか関係ない」

18　日本の科学技術政策の基本計画である「第５期科学技術基本計画」で提唱された概念で、「サイバー空間（仮想空間）とフィジカル空間（現実空間）を高度に融合させたシステムにより、経済発展と社会的課題の解決を両立する、人間中心の社会（Society）」と定義される。IoT（Internet of Things：モノのインターネット）でつながれた現実社会（フィジカル空間）からの情報を仮想空間（サイバー空間）に蓄積してビッグデータ化し、これを人工知能（AI）が解析することで、現実社会の人の行動、物、情報、サービス等を最適化することを可能とする。

といった考え方も成立し得ます。

しかしながら、結論からいえば、サプライチェーンに属する企業に比べて上位企業からの“圧力”やサプライチェーンの変容による直接的な影響は少ないと考えられるものの、ＳＤＧｓへの対応は必要です。

ＳＤＧｓは、国連開発計画である2030アジェンダにおける目標です。直接的な法的拘束力はないというものの、すべての国連加盟国に、達成に向けての具体的な成果を課しています。当然、日本国としても国の政策としての、取組みを進めています。

つまりＳＤＧｓは、すでに日本の地域経済も巻き込み始めているのです。そこには、事業の種類や規模による「例外」はありません。企業としてＳＤＧｓに向き合うためには、日本政府のＳＤＧｓ政策がどのように自社に影響するかを検証することが必要となります。

「地方創生」＝SDGs（?）

ここでキーワードとなるのが、2014年に誕生した第二次安倍政権の中心的政策である「地方創生」です。

日本におけるＳＤＧｓ政策は内閣総理大臣を本部長とする「ＳＤＧｓ推進本部」が中心となって進めており、日本のＳＤＧｓ推進に関わる工程表である「ＳＤＧｓアクションプラン」を策定しています（次ページ参照）。

「日本型ＳＤＧｓモデル」その“三本の柱”のうちの一つは、「**SDGsを原動力とした地方創生**」です。

「地方創生ＳＤＧｓ」[19]として、地方創生とＳＤＧｓ、両方の枠組みを融合したものとなっています。国策としてのＳＤＧｓ推進においては、中小企業の果たす役割を重要視し、地域におけるメインプレイヤーとして位置づけていることになります。[58]

次ページの図は小さくて見づらいですが、これを見る人がＳＤＧ

19　http://future-city.go.jp/

◎政府の「SDGsアクションプラン2020」◎

『SDGsアクションプラン2020』のポイント

- ■ 日本は，豊かで活力のある「誰一人取り残さない」社会を実現するため，一人ひとりの保護と能力強化に焦点を当てた「人間の安全保障」の理念に基づき，世界の「国づくり」と「人づくり」に貢献。SDGsの力強い担い手たる日本の姿を国際社会に示す。
- ■『SDGsアクションプラン2020』では，改定されたSDGs実施指針の下，今後の10年を2030年の目標達成に向けた「行動の10年」とすべく，2020年に実施する政府の具体的な取組を盛り込んだ。
- ■ 国内実施・国際協力の両面において，次の3本柱を中核とする「日本のSDGsモデル」の展開を加速化していく。

I. ビジネスとイノベーション ～SDGsと連動する「Society 5.0」の推進～

ビジネス
- ▸ 企業経営へのSDGsの取り込み及びESG投資を後押し。
- ▸「Connected Industries」の推進
- ▸ 中小企業のSDGs取組強化のための関係団体・地域，金融機関との連携を強化。

科学技術イノベーション（STI）
- ▸STI for SDGsロードマップ策定と，各国のロードマップ策定支援。
- ▸STI for SDGsプラットフォームの構築。
- ▸研究開発成果の社会実装化促進。
- ▸バイオ戦略の推進による持続可能な循環型社会の実現（バイオエコノミー）。
- ▸スマート農林水産業の推進。
- ▸「Society5.0」を支えるICT分野の研究開発，AI，ビッグデータの活用。

II. SDGsを原動力とした地方創生，強靭かつ環境に優しい魅力的なまちづくり

地方創生の推進
- ▸ SDGs未来都市，地方創生SDGs官民連携プラットフォームを通じた民間参画の促進，地方創生SDGs国際フォーラムを通じた普及展開
- ▸「地方創生SDGs金融」を通じた「自律的好循環」の形成に向け，SDGsに取り組む地域事業者等の登録・認証制度等を推進

強靭なまちづくり
- ▸ 防災・減災，国土強靭化の推進，エネルギーインフラ強化やグリーンインフラの推進
- ▸質の高いインフラの推進

循環共生型社会の構築
- ▸ 東京オリンピック・パラリンピックに向けた持続可能性の配慮
- ▸「大阪ブルー・オーシャン・ビジョン」実現に向けた海洋プラスチックごみ対策の推進。
- ▸ 地域循環共生圏づくりの促進。
- ▸「パリ協定長期成長戦略」に基づく施策の実施。

III. SDGsの担い手としての次世代・女性のエンパワーメント

次世代・女性のエンパワーメント
- ▸ 働き方改革の着実な実施
- ▸ あらゆる分野における女性の活躍推進
- ▸ ダイバーシティ・バリアフリーの推進
- ▸「次世代のSDGs推進プラットフォーム」の内外での活動を支援。

「人づくり」の中核としての保健，教育
- ▸ 東京オリンピック・パラリンピックを通じたスポーツSDGsの推進。
- ▸ 新学習指導要領を踏まえた持続可能な開発のための教育（ESD）の推進。
- ▸ユニバーサル・ヘルス・カバレッジ（UHC）推進
- ▸ 東京栄養サミット2020の開催，食育の推進。

国際社会への展開　2020年に開催される，京都コングレス（4月），2020年東京オリンピック・パラリンピック競技大会（7月～9月），アジア・太平洋水サミット（10月），東京栄養サミット2020（時期調整中）等の機会も活用し，国際社会に日本のSDGsの取組を共有・展開していく。

1

（出所：首相官邸 持続可能な開発目標（SDGs）推進本部）

sをどのように理解しているかが非常に重要です。

もし、SDGsの理解が、「国連の開発目標で、社会課題を解決するための取組み」程度にとどまるものであれば、この資料の内容はまったく理解できないことでしょう。

本書では、SDGsの本質を資本主義経済における新しいルールとして説明してきました。この観点に立てば、SDGsアクションプランが、SDGsが変容させる2030年の資本主義経済において、日本企業の競争力、そのなかでも特に**地方の経済機能を維持・回復させるための“経済政策”である**、ということを理解いただけると思います。

経済政策である以上、それを支えるための「カネ」が必要です。資金をどのように調達するかを検討しなければなりません。そのた

◎地方創生ＳＤＧｓ金融のスキーム図◎

（出所：内閣府 地方創生推進事務局地方創生ＳＤＧｓ・ESG金融調査・研究会）

めのしくみとして、ここでも登場するのが「ＥＳＧ投融資」です。

ＥＳＧ投融資～地方への影響を考える

日本政府は、日本、特に地方におけるＳＤＧｓへの対応を金融面から支えるため、地方銀行、信用金庫等の地域金融を軸とするＥＳＧ投融資のスキーム構築を進めています。

それが、「**地方創生ＳＤＧｓ金融**」です。

これは、社会課題・地域課題の解決に資する（地方の）中小企業の取組みを支援するための金融制度を確立し、資金循環サイクルの拡大を図ることによって、（地方の）中小企業のポテンシャルによる地方活性化とＳＤＧｓの課題達成を図るというものです。

上図の内容は、非常に多くの示唆を含むものとなっています（見づらいので、詳しくは内閣府のホームページでご確認ください）。

まず、この地方創生ＳＤＧｓ金融が、公的資金ではなく、民間資金を中心とするしくみであるということです。

その民間資金を、機関投資家や大手銀行・証券会社が投融資する先として、上場企業と並んで、地域金融機関や地域事業者が配置されています。

簡単にいってしまえば、この地方創生ＳＤＧｓ金融は、国際社会が世界の諸問題の解決のために資本主義の論理（＝民間資金）を導入したのと同様、世界の金融市場のＥＳＧ投融資に関わる資金（以下「ＥＳＧ資金」と略します）を日本の地域経済に引き込み、それを原資にして地域経済を活性化させるためのしくみ、ということです。

前ページの図の中心にある「**自律的好循環（資金の還流と再投資）**」という言葉は、まさに資本主義の機能そのものといえます。

現時点では、地域金融におけるＥＳＧ資金の運用は限られており、中小企業経営、特に資金調達に影響を及ぼすようなことはありません。

しかし、２－３で説明したように、世界のＥＳＧ資金量は増え続けており（45ページ参照）、それに伴い、ＥＳＧという考え方も広がりつつあります。

日本国として考えれば、国際的なＥＳＧ資金の投資対象として日本市場を魅力的なものとする必要があります。その検討においては、地方経済、そして日本のＧＤＰの約半分を生み出している**中小企業をどのように「ＥＳＧ仕様」につくり変えていくか**が大きな課題となります。

ものづくり「美徳の精神」では勝負できない…

ＳＤＧｓアクションプランにおいて、地方におけるＳＤＧｓへの対応を推進するための取組みとして、ＳＤＧｓに取り組む地域事業者等の「登録・認証制度」の計画が進められています（次ページの図を参照）。

◎ＳＤＧｓ取組達成度評価の制度◎

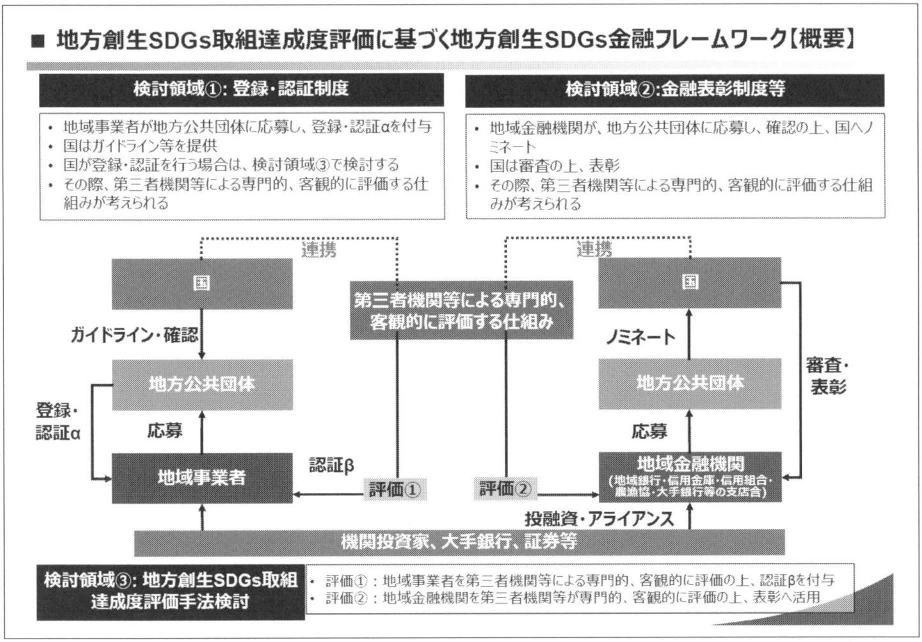
■ 地方創生SDGs取組達成度評価に基づく地方創生SDGs金融フレームワーク【概要】
検討領域①: 登録・認証制度
・ 地域事業者が地方公共団体に応募し、登録・認証αを付与
・ 国はガイドライン等を提供
・ 国が登録・認証を行う場合は、検討領域③で検討する
・ その際、第三者機関等による専門的、客観的に評価する仕組みが考えられる
検討領域②:金融表彰制度等
・ 地域金融機関が、地方公共団体に応募し、確認の上、国へノミネート
・ 国は審査の上、表彰
・ その際、第三者機関等による専門的、客観的に評価する仕組みが考えられる
連携
国
ガイドライン・確認
地方公共団体
登録・認証α
応募
地域事業者
第三者機関等による専門的、客観的に評価する仕組み
認証β
評価①
評価②
連携
国
ノミネート
地方公共団体
審査・表彰
応募
地域金融機関
(地域銀行・信用金庫・信用組合・農漁協・大手銀行等の支店含)
投融資・アライアンス
機関投資家、大手銀行、証券等
検討領域③: 地方創生SDGs取組達成度評価手法検討
・ 評価①：地域事業者を第三者機関等による専門的、客観的に評価の上、認証βを付与
・ 評価②：地域金融機関を第三者機関等が専門的、客観的に評価の上、表彰へ活用

（出所：内閣府・地方創生推進事務局「地方創生ＳＤＧｓ・ＥＳＧ金融調査・研究会」）

地域事業者のＳＤＧｓへの対応支援の枠組みは、大きく分けて二つのブロックで構成されています。

一つは、実際にビジネスを行なう（地方の）中小企業の登録・認証制度、もう一つは、金融支援を行なう地域金融機関の評価制度です。

まずは、（地方の）中小企業の登録・認証制度について考えてみましょう。

登録制度は「これまでＳＤＧｓになじみの薄かった事業者に取組みを浸透させ、裾野を広げること」、認証制度は「ＳＤＧｓへの取組みがさらに推進されること」を目的としています［59］。

最初のステップである「登録」は、地域事業者の「ＳＤＧｓへの参画」を促すことが目的であることから比較的、ハードルは低いものとなる模様です。

「認証」は「登録」よりもハードルが高く、ＳＤＧｓへの対応で得られた成果（パフォーマンス）が要求されることとなるでしょう。

両制度ともに、入札の加点、低利子での融資、ＰＲや商談の場の提供等、対象企業に何らかのインセンティブやメリットを提供するしくみとなる予定です。

これら登録・認証の制度は、地方創生ＳＤＧｓ金融における各企業の評価のための制度である以上、当然「評価基準」が設定されることになります。

本書執筆時点（2020年５月）の情報では、「地方創生ＳＤＧｓ取組達成度評価」と呼ばれる評価制度が検討されており、「日本の地方創生の文脈にあった表現へＳＤＧｓの169のターゲット指標を読み替え、地方創生に資する施策の評価に活用できる指標を活用し」[59]て、評価を行なう予定となっています。

ものづくり中小企業にとっての問題は、**どのような取組みが評価の対象となるか**です。

この制度においては、「**将来の事業収益性**」と「**収益事業外の取組み**」の二つの側面で評価を行なうとされています。

二つめの「収益事業外の取組み」は、「社会活動を通した地方創生ＳＤＧｓへ貢献」とされているので、いわゆるボランティア活動と考えてよいと思われます。であれば、すべての企業、当然ものづくり中小企業でも取組みは可能です。

それに対して一つめの「将来の事業収益性」という項目については、ものづくり中小企業が取り組むうえでは困難も予想されます。

82ページの図を見ると、地方創生ＳＤＧｓ金融で地域事業者に期待される役割として、「地域課題の発掘」「地域牽引企業、ＧＮＴ（グローバルニッチトップ）発展」「ビジネス本業での地方活性化取組推進」「Society5.0の地域実装」といった、いわゆるＳＤＧｓのビジネスチャンスのイメージに沿った語句が並んでいます。

事業例としても「ＩＣＴ活用公共サービス」「ドローン宅配」「Ｉｏ

Ｔ活用」「グリーンインフラ」「ヘルスケア（保険）」「信託」と、従来型のものづくり中小企業とは縁の薄い言葉が並んでいます。

これらの政府が描く地域創生ＳＤＧｓ金融のイメージ像を見る限りでは、たとえば「射出成型機による樹脂部品工場」や「プレス用精密金型工場」が、ＳＤＧｓの登録・認証制度において「将来の事業収益性」を評価されるための取組みは見出しにくいと考えられるのです。

あえていえば、航空宇宙・ロボット・ＥＶ等のＳＤＧｓが描く将来像に寄与する産業分野への参入や、ＡＩやＩｏＴの活用による「スマート・ファクトリー」化等への取組みであればイメージできるでしょうか。または、社会課題を解決できるような製品の製造に関わることが可能であれば、高い評価が得られるかもしれません。

とはいえ、前述のとおり、すでに始まっている「ジャパンＳＤＧｓアワード」における工業系ものづくり企業の存在感の薄さも考えると、日本が地方創生ＳＤＧｓを推進する道程においては、従来型の“ものづくり”の優先順位が低くなっていることは否めません。

戦後日本の高度経済成長の大きな要因に、ものづくり企業、それも中小企業の存在があったことはいうまでもありません。

「よいものを安くつくる」――これが、ものづくり中小企業の大きな存在意義でした。

登録・認証制度の詳細は、2020年度内に公表されることになっていますが、非常に残念ながら、これまでの日本のものづくり中小企業を支えてきた「高品質」「低価格」といった価値観だけでは、ＳＤＧｓという新しいルール、ＥＳＧ投融資という新しい審判のもとでは、戦うことが難しい状況にあると言わざるを得ません。

今後の融資はどうなる？ ～地域金融機関とＥＳＧ投融資

ＳＤＧｓの登録・認証制度については、当面の間は、取引上の要請がない限り取得しなくても大きなデメリットはないと思われます。

しかし、中小企業の資金調達に大きな役割を果たしている日本政策金融公庫等の政府系金融機関は、当然に地方創生ＳＤＧｓ金融のスキームを推し進める立場にあります。

必ずしも登録・認証といった形式を要求されるとは限りませんが、中小企業の資金調達においてもＳＤＧｓやＥＳＧが重要な要素となっていくことは、ほぼ間違いないでしょう。

この地方創生ＳＤＧｓ金融の枠組みに、民間の金融機関を巻き込むためのしくみの一つが、地域事業者を支援する地域金融機関の表彰制度です。

本書の本旨ではないので詳細は省きますが、これは、地域事業者の登録・認証制度と同様に、地域金融機関におけるＥＳＧの取組みを評価し、国として表彰するものです。

その評価の対象は、地域事業者のＥＳＧ運用を支援する商品やサービスとなります。地域事業者における登録・認証制度と同様、表彰された金融機関にはインセンティブ・メリットが与えられる予定となっています。

金融機関を対象とした調査の結果では、ほぼすべての地域金融機関（99％）がSDGsという言葉を認知しており、ＳＤＧｓ・ＥＳＧの取組みへの意欲を示しているので［59］、今後は地域事業者のＳＤＧｓやＥＳＧに関する取組みの支援が拡大していくものと考えられます。

すでに地域金融機関からＥＳＧの要素を融資評価の対象とする関連商品・サービス（以下「ＥＳＧ商品」と略します）が展開されており、今後は、ＥＳＧ商品の割合が増加していくことになるでしょう。

ＥＳＧ商品増加の社会的要請（＝圧力）がさらに高まった場合には、逆に、ＥＳＧに反する企業や積極的でない企業に対するディスインセンティブ・デメリットが設定されることも考えられます。

製造業が日本の基幹産業であることを考えると、よほど問題がない限りは、現行と同様の扱いが続くとは考えられますが、それも「地方創生ＳＤＧｓ取組達成度評価」の制度運用と、その影響がどこまで拡大するかによる、ということになります。

これらの動きを考慮すると、将来の資金調達という観点からは、ものづくり中小企業においても、事業の様態を問わず、ＳＤＧｓ・ＥＳＧへの対応を検討することが望ましいといえます。

しかし、やはり「どう取り組むか」が大きな課題となるのです。

3－6 明日はわが身？ ～産業の突然死

プラスチックストローの廃止

ものづくり企業を取り巻く環境の変化について解説してきましたが、ＳＤＧｓやＥＳＧの価値観は経営環境を変えるだけにとどまらず、ある種の商品や事業そのものの存続を脅かす可能性すらあることを理解しておく必要があります。

その商品は、読者にとっても非常に身近な商品であったはずの「**プラスチックストロー**」です。

日本でこの問題が有名になったのは、スターバックス・コーヒーが2020年までに世界２万8,000店を超える店舗でのプラスチックストローを廃止するという発表［60］を行なったことがきっかけと考えられます。

この発表は、2018年７月に行なわれました。

ストロー廃止の動きは世界中に広まっており、日本国内でも、2019年前半頃からファミリーレストラン、カフェ、コンビニエンスストア等の大手チェーン店を中心に店頭から排除されつつあります。この間、わずか半年程度。

店頭からの排除だけを見れば、非常に速いペースで脱ストローの動きが進行したように思えますが、2030アジェンダ・ＳＤＧｓの採択に先立ち、2015年６月に行なわれた第41回先進国首脳会議（Ｇ７エルマウ・サミット。以下「エルマウ・サミット」と略します）の場で、海洋プラスチック問題への言及がなされているので［61］、国際政治の世界では、一般の日本人がストロー問題を知る相当前から脱プラスチックの動きが存在していたことになります。

ＳＤＧｓのGoal14「海の豊かさを守ろう」のターゲット14.1において、海洋ごみの削減を掲げているので、海洋汚染という観点からプラスチック製品が問題になっているということまでは、知ろうと思えば知ることができた、ともいえます。

しかし、このプラスチックストローが市場から排除される理由が「海洋プラスチック汚染の原因」であるということには、ピンとこない人も多いのではないでしょうか。

実際、平成28年（2016年）に日本の環境省が行なった漂着海洋ごみに関する調査では、漂着物総重量に占めるプラスチックカトラリー（ナイフ、フォーク等、食事で使われる道具の総称）の割合は、わずか0.5％という結果でした。

一方、アメリカの自然保護団体が海洋清掃活動で回収したゴミを品目別に数えた結果、ストローやマドラーが全体の３番目に多い（ナイフ、フォーク等は４番目）という報告［62］もあるので、廃棄物処理システムの違い等による地域的な傾向がある可能性は十分に考えられます。

なぜ、プラスチックストローがやり玉に？

とはいえ、星の数ほどあるプラスチック製品のなかで、なぜ、プラスチックストローがここまでの“やり玉”にあがったのかは、ＳＤＧｓやＥＳＧが製品市場に与える影響の観点から、やはり、考える必要があります。

一つの大きなきっかけといわれているのが、エルマウ・サミット開催やＳＤＧｓ採択とほぼ同じ時期の2015年８月に公開された一本の動画［63］です。

その動画は、鼻に長さ10センチほどのプラスチックストローが刺さったウミガメの映像です。鼻に刺さった物体に気づいた研究者が引き抜いたのですが、血を流して苦しむウミガメの顔がはっきりと映し出されており、非常にショッキングな映像となっています。

オリジナルの動画だけでも3,900万回以上再生されており、プラスチックストローを海洋汚染の象徴的存在に押し上げる役目を果たしたと考えられています（前述の海洋ごみの調査を行なったアメリカの自然保護団体のＷＥＢページでも、ウミガメの画像が使われています）。

とはいえ、ウミガメに関していえば、海上に漂うレジ袋等を餌のクラゲと間違えて食べてしまうケースの動画や映像等も公開されているので [64]、本来であればストローだけの問題ではないはずです。

しかし、ここまで露骨に問題となったのはストローのみ。本書の本旨ではないので、この問題についての評価をすることは避けます。

ここで考えていただきたいのは、ＳＤＧｓまたはＥＳＧ的にマイナスであると判断された場合に、**ある商品やサービスが“ある日突然”市場から排除される可能性がある**ということについてです。

ＳＤＧｓがつくり出す世界においては、既存のものごとの価値観が大きく、そしてきわめて速やかに変わっていきます。

商品としてのプラスチックストローを市場から排除した価値観を決めたものは何か（誰か）、を考えてみることは、ＳＤＧｓやＥＳＧの本質を理解するうえできわめて重要な作業です。

3－7 「誰一人生き残れない」現実と向き合うために

2030年に生き残るための世界経済戦争

ＳＤＧｓの年限である2030年は、本書発売時点で、残り約10年となっています。
SDGsを推進する立場からは、次のような声が聞こえてきます。
「目標達成のためには、民間事業者の取組みが重要」
「地方の中小企業の活力で、地域を活性化するとともに、SDGsの達成に貢献する」
これまでの企業経営の「常識」で10年を考えれば、経営ビジョンを語り、長期計画を作成して、さまざまな取組みを開始するべき時期にあたります。
とはいえ、それらは10年後にこれまでと同じ価値観、ルールが継続されているという前提があってこそ可能であった行動です。前述のようなSDGsに関わる言説は、従来の価値観から脱却したものになり得ているのでしょうか？
ここまで見てきたように、金融セクターを中心に、世界中がSDGsの指し示す方向に大きく舵を切ったことは間違いありません。世界の動きには遅れてしまったものの、日本も大企業を中心に、というよりも日本の大企業ですら、資本主義の新しいルールによる戦いを開始しています。
いうなれば、まさに2030年に生き残るための世界経済戦争です。
戦争である限り、勝者と敗者は必ず存在します。そこに「誰一人取り残さない」などという「お約束」があるはずはなく、「おためごかし」の言説に過ぎません。

ものづくり中小企業はどうしたらいいのか

もう一度、現状を考えてみましょう。
気候変動への対応、サプライチェーンの変容、ESG投融資の伸長と地域経済への影響拡大、そして急激に変化する価値観…。
あと10年。どこをみても日本のものづくり中小企業には厳しい世界がやってきます。SDGsがつくり出す世界において、日本のものづくり中小企業が、旧来の価値観にとどまるのであれば、
「誰一人として生き残れない」

可能性すらあるといえるでしょう。
企業として「ＳＤＧｓに取り組む」ということは、まず第一に、ＳＤＧｓがつくり出す世界、変わる価値観に対応していくことに他なりません。
とはいえ、一介の中小企業が世界を俯瞰して、変わりゆく価値観をとらえ続けていくことなど間違いなく不可能です。
そのためには、どうしたらよいのでしょうか？
その答えも、またＳＤＧｓにあります。
なぜなら、ＳＤＧｓは、気候変動という未曽有の危機を含む世界の諸問題を解決するために、世界のリーダーたちが生み出した“英知”であるという事実に嘘はないからです。根底に資本主義の論理が存在するとしても、ＳＤＧｓを否定する理由にはなりませんし、否定は許されません。
私たちは、資本主義の世界に生きています。その資本主義の世界で生きる者である以上、そのルールに従って生き残るしかありません。

もう一度書きます。
ＳＤＧｓは、新たな資本主義のルールとして世界をつくり変えていきます！

4章

「アフターコロナ」
――SDGsへの影響を考える

この章は本文３ページと短いもので、ふつうは章としないのかもしれませんが、ＳＤＧｓに関して非常に重要であり、あえて章として構成するものです。

コロナショックの到来！

本書を執筆中の2020年前半現在、世界を新型コロナウイルスが襲いました。パンデミック「コロナショック」です。

2020年４月７日には、東京都を含む７都道府県に緊急事態宣言が発出されました。同４月16日には、緊急事態宣言を全国に拡大しています。

同５月25日に全国の緊急事態宣言は解除されたものの、同６月７日時点での全国の陽性者数１万6,923名、死者916名［65］となっています。都市部を中心に依然として予断を許さない状況であり、今後の経済への影響が懸念される状況となっています。

本書「はじめに」でも記しましたが、2020年は、ＳＤＧｓ「行動の10年」（Decade of Action）［66］の最初の年となるはずでした。

人類のコロナウイルスとの戦いは、数年単位で続くことが予想されており、世界は、そして日本は、ＳＤＧｓへの対応の進め方を考え直す必要に迫られています。

当然ではありますが、民間企業においてはコロナショックから生き残ることが最優先課題となります。短期的に見れば、社会システムと経済の立て直しのため、世界はＳＤＧｓどころではなくなることは間違いありません。

ウイルスに対する恐怖、収入減少、廃業・失業の増加等により、人々の「ＳＤＧｓに取り組もう！」という意識・意欲も減退することでしょう。

ＳＤＧｓ、そして気候変動対策の限界点に間に合うかどうかは、パンデミックの収束から経済の完全復活までの時間にかかっているといえるでしょう。

コロナショックがもたらしたものとは

とはいえ、今回のコロナショックは必ずしも負の影響だけをもたらしたのではなく、ＳＤＧｓが指し示す未来の可能性を一般市民に指し示す働きをしています。

最も顕著な事象は、「リモートの活用」でしょう。通勤しなくても事業が回るしくみが、コロナショックで（強制的に）つくられたと考えれば、企業の、そして雇用のあり方に新たな可能性が生まれました。

たとえば、Twitter社は、在宅勤務可能な社員については、本人の希望により、コロナショック終息後も在宅勤務を認める方針を打ち出しています。[67]

官公庁も、窓口業務の削減を検討せざるを得ない状況です。この状況が、電子政府化を積極的に推進する理由を生んでいます（ちなみに、2020年４月22日には、安倍首相がＩＴ活用に関する戦略策定の指示を出しています）。[68]

ものづくり企業においても、生産活動における感染対策に迫られています。この経験は、たとえば、省人化と生産性向上のためにＩｏＴやＡＩを活用することを積極的に後押しし、ヒトからＡＩへの代替に対する「心理的制約」を押し下げるものとなるでしょう。

世界経済が止まったことにより、2020年のＧＨＧの排出量は間違いなく減少に転じます。2020年後半以降は、経済立て直しのためにＧＨＧは増加に転じると考えられますが、長期的に見た場合の気候変動対策にはまったく影響はないと考えられます。

むしろ、温暖化による未知のウイルスの出現の懸念から、気候変動対策の必要性に対する世界の「意思」は加速する可能性すらあるでしょう。

それでもSDGsは推進される！

経済活動自体が死んだ結果のため、現状としては、ＳＤＧｓがめざす「持続可能な社会」とは程遠い事態ではありますが、コロナショックにより、社会や企業のあり方そのものを変容させる必要性と、**「社会は変えることができる」という事実**に全世界が気づいたということは、今後に非常に大きな意味を持ってきます。

このコロナショックが、ＳＤＧｓの推進に一時的なブレーキをかけるものであることは間違いないですが、ＳＤＧｓがつくり出す世界の可能性を、一足先に、世界へ知らしめる働きをしたと考えることもできます。

であれば、この状況下で生き残ることこそが、ＳＤＧｓがつくり出す世界を生きるための糧（かて）となるはずなのです。

5章

SDGsとの向き合い方
——ものづくり中小企業の明日のために

「ものづくり」を支えているのは中小企業

３章までに見てきたように、ＳＤＧｓがつくり出す世界は、既存のものづくり中小企業にとっては、厳しい環境となることが予想されます。

世間、特に“ニュービジネス”といわれる世界では、ものづくりを含む“オールドビジネス”の将来に、悲観的な声もないわけではありません。

とはいえ、「ものづくり」は日本の基幹産業です。

それを支えている中小企業が生き残らなければ、日本の実体経済は死を迎えるほかありません。

前述したように、日本政府がＳＤＧｓと地方創生を融合させた政策を打ち出しているのは、ＳＤＧｓというしくみを使って地方に資金を還流させるためです。

ものづくり中小企業が、ＳＤＧｓがつくり出す新しい資本主義の世界で生きるためのヒントや支援策は少なからず用意されています。

そこで本章からは、ものづくり中小企業がＳＤＧｓやＥＳＧにどのように向き合うべきか、どのような取組みを進めていくべきかを、一緒に考えていきましょう。

5－1

「できることから始めよう」？

SDGsの本質の理解が見当違いな方向に進む

ＳＤＧｓへの対応を考える場合に、気をつけていただきたいのが、

「できることから始めよう」

「一人ひとりの行動が世界を変えていく」

といった言説です。

特に、市民団体や教育関係の人が使うことが多いのですが、企業向けのコンサルティングや講演でも使う人がいます。

この言説の本質は、ＳＤＧｓへの対応の根拠やモチベーションを市民の善意に求めるものです。

一人の市民として未来を憂うならば、決して間違った言説ではありませんが、ともすれば、言葉としてＳＤＧｓのバックキャスティングの考え方とは真逆のニュアンスを持っており、ＳＤＧｓがつくり出す世界の理解を、現状の延長線上に狭めてしまうリスクがある表現ともいえます。

ここまで本書では、ものづくり中小企業が「ＳＤＧｓがつくり出す新しい資本主義の世界」に対応することの必要性を伝えてきました。

ビジネスの観点から、この「できることから始めよう」を言い換えると、

「私たちの（現有する）技術やリソースを活用して、ＳＤＧｓ達成に貢献していこう」

といった表現になるかと思いますが、ＳＤＧｓの本質の理解や組織としての対応が見当違いな方向に進む恐れがあることは否定できません。

自動車産業の「100年に一度の大変革期」を主な例としてＳＤＧｓと現実社会との関連性を説明してきましたが、そこにあるのは「変わる世界」です。「すでに変わりつつある」という表現がより正確かと思いますが、「私たちが世界を変える」では決してありません。

「できることから始めよう」「一人ひとりの行動が世界を変えていく」という“スローガン”は、教育的（または政治的）な視点では美しいものですが、聞く者にＳＤＧｓの本質に関する誤解を生じさせる大きな要因となっていると考えられます。

仮に、従業員のモチベーションを上げるためだとしても、モチベーションを維持させるだけの内容が伴わなければなりません。モチ

ベーションが切れた時点で元に戻るか、悪くすれば拒絶反応を起こすリスクも考えられます（その悪例が、過去のＩＳＯブームです）。

ビジネスの観点におけるＳＤＧｓへの対応においては、先の「できることから始めよう」などは積極的に使うべき言葉ではありません。

5－2 ものづくり中小企業にとっての「ビジネスチャンス」とは何か？

SDGsはビジネスチャンス？

ＳＤＧｓと事業者の関連性、そのほとんどはビジネスチャンス（機会）の文脈で語られてきました。しかし、ここまで説明してきたように、ものづくり中小企業、特にサプライチェーンに属する会社にとって、ＳＤＧｓのビジネスチャンスはきわめて見えにくいということもまた事実です。

そこで、ものづくり中小企業がどのようにＳＤＧｓに向き合うか、取組みを進めるかを検討する前に、現実的な観点からの、

「ものづくり中小企業におけるＳＤＧｓのビジネスチャンス」

を改めて考えてみたいと思います。

このＳＤＧｓのビジネスチャンスについては、多くの中小企業向けのＳＤＧｓセミナーや広報資料等には、次のような記載があります。

「社会課題の解決に取り組むことを、本業にする」

「ＳＤＧｓに取り組むことで、企業価値を向上させよう」

これらの例に表わされるように、ＳＤＧｓの「ビジネスチャンス」の論旨は、大きく分けて二つに分けられます。

一つは、社会課題の解決につながる商品・サービスを提供することで、直接的な利益を得ること。

もう一つは、社会課題に配慮した組織運営を行なうことにより、健全な企業としての評価を獲得し、(間接的に) 何らかの経営上のメリットを得ること。

この一つめの考え方は、社会課題という観点での商品開発力と、商品販売ルートが必要になります。

何らかの方法で社会課題を抱える層（消費者）への直接の接点を持つ企業でなければ困難な戦略です。イノベーションという言葉を考慮するとしても、一般工業製品を製造している中小企業がいきなりこの戦略を採用することはあまり現実的ではありません。

それでは、二つめの考え方はどうでしょうか？

読者の会社に置き換えて考えていただきたいのですが、ＳＤＧｓの各ゴールとターゲットに関わる何らかの取組みを行なうことは、実は、それほどハードルは高くないのではないでしょうか。

たとえば、何らかの形で母子世帯、生活困窮者、障がい者等の支援要素を組み込めば、ＳＤＧｓのGoal１～Goal５での貢献が考えられます。

単純に「生産性の向上」という製造業であれば、至極当たり前の取組みであっても、原単位換算でのエネルギー効率の向上や資源の有効活用という観点から見れば、ＳＤＧｓのGoal12～Goal15に貢献しているということもできます。

現実的に考えれば、多くのものづくり中小企業が取り得るのは、二つめの戦略ということになるでしょう。

ビジネスチャンスの本質とは何か

２－２（☞37ページ）で説明しましたが、ＳＤＧｓのビジネスチャンスは、本来的には、ＳＤＧｓに関わる巨額資金（ＥＳＧ資金）の還流から得られる（金銭的）価値と考えることができます。

そのためには、資金を得られるポジションを確保することが非常に重要です。具体的にいえば、組織をアップデートして新しいルール（ＥＳＧ）に適合させ、その結果として、社員満足度の向上による人材確保、健康経営によるインセンティブの獲得、組織力強化による事業拡大等のビジネスチャンスを獲得していくということが考えられます。

したがって、ものづくり中小企業がＳＤＧｓに取り組むことによって得られる「ビジネスチャンス」の本質とは、

「ＳＤＧｓのつくり出す新しい世界に適合した組織の創出と、それにより生み出される（将来の）経済的なメリット」

ということができるでしょう。

ものづくり中小企業の場合は、ＳＤＧｓによる「社会課題の解決」に直接的なビジネスチャンスを求めるのではなく、「ＳＤＧｓのつくり出す世界において、自社がどのような姿でありたいのか」をまず決めることが非常に重要といえます。

その姿を現実とすることこそ、2030アジェンダが世界に求めている「変革：Transform」の実践であり、その会社の「（将来の）ビジネスチャンス」の源泉となり得るからです。

5－3

中小企業における「イノベーション」～求められる本質

SDGsにおけるイノベーションとは

ＳＤＧｓのビジネスチャンスという言説とセットで語られることの多い言葉があります。それが、

「イノベーション」（Innovation）

です。このＳＤＧｓにおけるイノベーションという言葉は、多くのものづくり中小企業にとっては、ビジネスチャンスと同様にイメージしにくい言葉といえます。

とはいえ、事実として、ＳＤＧｓの本質の一角はこのイノベーションという言葉にあります。ものづくり企業においても、自社にと

◎オスロ・マニュアルによるイノベーションの４類型◎

イノベーションの類型	イノベーションの定義
プロダクト・イノベーション	●自社にとって新しい商品・サービスを市場へ導入することを指す ●新しい商品・サービスとは、機能・性能・技術仕様・使いやすさ・原材料・構成要素・中身のソフトウェア・サブシステム・提供方法（サービスの場合のみ）について新しくしたものだけでなく、既存の商品やサービスを大幅に改善したものも指す ●既存の知識や技術を組み合わせたものや、新しい用途へ転用したものも含まれる ●新しい商品の転売、単なる外見だけの変更、定期的に行なわれる変更やアップデートは除く ●自社にとって新しいものを指し、自社の市場において新しいものである必要はない。他社がすでに導入している商品・サービスを自社が導入する場合も、それが自社にとって新しければ、プロダクト・イノベーションと呼ぶ ●商品とはスマートフォン、家具、パッケージソフト等といった有形物だけでなく、ダウンロードによって取得されるソフトウェア、音楽、映画等も含む。また、サービスとは、小売、保険、教育、旅客輸送、コンサルティング等の無形物を指す
プロセス・イノベーション	●自社における生産工程・配送方法・それらを支援する活動（プロセス）について、新しいものまたは既存のものを大幅に改善したものを導入することを指す（技法、装置、ソフトウェア等の変更を含む） ●自社にとって新しいものを指し、自社の市場において新しいものである必要はない。他社がすでに導入している新しい生産工程・配送方法・それらを支援する活動を自社が導入する場合も、それが自社にとって新しければ、プロセス・イノベーションと呼ぶ
組織イノベーション	●業務慣行（ナレッジ・マネジメントを含む）、職場の組織編制、他社や他の機関等社外との関係に関して、自社がこれまで利用してこなかった新しい組織の管理方法の導入を指す ●管理方法の導入は、マネジメントによる戦略的な意思決定にもとづくものでなければならない。自社にとって初めてのことでも、M＆A（合併と買収）の実施そのものは除く
マーケティング・イノベーション	●自社の既存のマーケティング手法とは大幅に異なり、なおかつ、これまでに利用したことのなかった新しいマーケティング・コンセプトやマーケティング戦略の導入を指す ●具体的には、商品・サービスの外見上のデザイン、販売促進方法、販売経路、価格設定方法に関する大幅な変更を指す ●自社の既存のマーケティング手法で、定期的に行なわれている変更は除く

（資料出所：文部科学省科学技術・学術政策研究所「第３回全国イノベーション調査報告」をもとに中小企業庁が作成した「2015中小企業白書」）

っての「イノベーション」を考えてみることは、ＳＤＧｓへの対応に際しては非常に重要なことです。

しかしながら、この“innovation”が日本語には訳しにくい言葉であることは間違いありません。

イノベーションについて、経済協力開発機構（OECD）とEurostat（欧州委員会統計庁）が作成した指針である「オスロ・マニュアル」（Oslo Manual 2018）［69］は、次のように定義しています。

「イノベーションとは、新しいまたは改善されたプロダクトまたはプロセス（またはそれの組み合せ）であって、当該単位の以前のプロダクトまたはプロセスとかなり異なり、かつ潜在的利用者に対して利用可能とされているもの（プロダクト）または当該単位により利用に付されているもの（プロセス）である」［70］

これだけ読むとよくわからないかもしれませんが、オスロ・マニュアルは、前ページ表にまとめたように、イノベーションを類型化しています［71］［72］。

生き残るための“変革”を生み出すもの

日本のＳＤＧｓにおけるイノベーションは、製品やサービスそのもの、または、それを生み出す技術的進歩に注目が行き過ぎている感があります。イノベーションは、本来、もっと広い可能性を示す概念であるはずなのです。

ものづくり中小企業にとってのＳＤＧｓのビジネスチャンスが「ＳＤＧｓのつくり出す新しい世界に適合した組織の創出と、それにより生み出される（将来の）経済的なメリット」にあるとすれば、組織がめざす将来の姿への道程そのものをイノベーションと考えることができます。

当然ですが、組織により、ヒトにより、イノベーションの具体的な“中身”は変わってきます。

そこで生まれるものは、ある企業によっては新製品や新サービスであるかもしれない。またある企業では、新たな経営方針や組織体制であるかもしれません。

先にイノベーションなるものがあるわけでは決してなく、時代の変容において必要なイノベーションを起こす。つまり、ＳＤＧｓがもたらす激動の世界で、生き残るための“変革”（Transform）を生み出すもの――それが、あなたの組織にとっての「イノベーション」（Innovation）なのです。

5－4 時代の羅針盤としてのSDGs。中小企業こそ読み込むべき

SDGsは羅針盤の機能を有している

本書では、ＳＤＧｓの本質を、資本主義の新しいルールとして世界をつくり変えていくものと位置づけています。ルールである以上、資本主義で生きる者としては従うしかない、と繰り返し伝えてきました。

しかし、ＳＤＧｓの17ゴールの資料だけを読んで、何にどう取り組んだらよいかわかるかといえば、リソースの限られた中小企業にとっては難しい作業といえるでしょう。

５－１で触れたように、あてずっぽうに「ＳＤＧｓに取り組むぞ！」と意気込んでみたところで、既存のボランティア的な取組み以上のものは生まれるはずもなく、一時のブーム、ムーブメントで終わってしまう可能性が非常に高いと思われます。

もちろん、非常に優秀な経営者であれば、他者に頼ることなく自らの進むべき道を切り開くことも可能だと思います。しかし、ほんの１か月先の世界の姿すら予測できない時代となったいま、ふつうの経営者にとっては、なんらかの羅針盤があることは非常に有用な

はずです。

ＳＤＧｓはルールであると同時に、この時代の先を指し示す羅針盤の機能を有しています。

本書の論旨上、深くは触れていませんが、そもそも、ＳＤＧｓは国連の開発計画における目標（群）です。国連加盟国は、ＳＤＧｓに取り組み、達成状況の報告・レビューの義務を負っています。具体的には、ＳＤＧｓの17ゴールの下に位置する169のターゲットのさらにその下に位置する指標（indicator）について、国内指標を設定し行動していくことになります（ターゲット、指標については巻末資料を参照）。

ちなみに、日本国内の指標と達成状況については、外務省のWEBサイト「JAPAN SDGs Action Platform」で公開されています。

SDGsをツールとして活用する

国が動くということは、根拠が必要になります。法制度です。

法制度が決まれば、次は運用のためのしくみが必要になります。

しくみを構築するためには、資源が必要になります。

資源をそろえるためには、資金（予算）が必要になります。

つまり、ＳＤＧｓが指し示す場所には、資金（予算）が落ちるということです。

２－２（☞37ページ）で説明したように、“ＳＤＧｓ＝ビジネスチャンス”の本来の意味は、ＳＤＧｓに関わるには資金の還流に関わるものですが、その資金は当然、各国の施策にも源流を持っています。

ＳＤＧｓに積極的に取り組んでいる世界的大企業の取組みを見てみると、国連や各国政府の施策から何らかの恩恵を得るしくみが組み込まれていることに気づくことでしょう。

ＳＤＧｓの政治的機能が経済的機能をコントロールしているともいえますが、ビジネスとしてこの動きに乗るためには、ＳＤＧｓが社会を変えるために具現化した機能（たとえば、法令や社会制度等）

と歩調をそろえる必要があります。

いくら社会課題を解決するためと意気込んだところで、それがSDGsのつくる世界の枠組みに入っていなければ、ビジネスとしては何の意味もありません。

SDGs、より正確には169のターゲットと244（うち重複12）の指標（indicator）は、将来のビジネスチャンスの位置を示す"羅針盤"ということができます。

SDGsはルールであるだけでなく、ツールとして活用することが非常に重要なのです。

5－5 SDGsの政治的機能 ～ものづくり中小企業への影響

ここからは、SDGsの政治的機能が実際に日本の社会を変えた例を見ていきます。

「SDGsが変えた」といっても、単純に国連でSDGsが採択されたからではなく、SDGsが採択された背景にある価値観（とその変容）がもたらした、または、要求した変化と考えてください。

日本国内における指標の状況を見る限り、現時点では、各国国内で完結して成果を測れる指標に関する施策が先行して社会を変えつつある状況です［56］。

逆に、気候変動問題に代表されるように、運用ルールや評価方法について各国間の調整が必要な分野に関する指標については、その取組みの終着点（たとえば、法規制や具体的な目標値の設定等）が見えない状況となっています。

とはいえ、SDGs以外にもパリ協定という強力な枠組みがあるので、気候変動対策のための施策そのものは確実に進められています。

それでは、ＳＤＧｓの政治的機能に関する最近の日本国内のトピックス、そのなかでも中小企業との関連の深い項目を見ていきましょう。

働き方改革もＳＤＧｓ～昔は昔、いまはいま～

2019年から2020年にかけての中小企業経営に関する大きなトピックスである「**働き方改革**」。読者の企業においても、対処・対応が必要となったケースが多いのではないかと思います。

この働き方改革の大きな柱は、「労働時間法制の見直し」と「雇用形態に関わらない公正な待遇の確保」[73] です。

日本の高度経済成長期のものづくりを支えてきたのは、労働集約型の産業構造です。かつては「金の卵」という言葉がありましたが、地方から都市部へ流入した大量の若い労働者の存在が、日本のものづくりを支えてきました。

このモデルの前提は、ピラミッド型の人口構造です。発展途上国型と言い換えることもできますが、低賃金の若年労働者がその数で経済を支えることで成立してきました。加えて、終身雇用・年功序列賃金といった「日本型経営」が安定した雇用と経営環境を実現したことが、日本のものづくりの優位性を創出してきたといえます。

しかし、バブル崩壊後の非正規雇用の増加と若年人口の減少等から、この構造にも変化が求められています。

働き方改革は、この変化を制度的に推し進めるものです。日本政府は働き方改革の意義をこう説明しています。

「日本経済再生に向けて、最大のチャレンジは働き方改革。働く人の視点に立って、労働制度の抜本改革を行ない、企業文化や風土も含めて変えようとするもの」[74]

ＳＤＧｓの観点から見た場合のポイントは、過去の日本企業の強みであったはずの労働環境や企業文化までを変えるもの、と宣言していることにあります。

事実、この働き方改革は、日本政府のＳＤＧｓアクションプランにおいても重要施策として位置づけられています（3章81ページの図を参照）。

それでは、働き方改革とSDGsのゴール・ターゲットの関連を見てみましょう。

Goal 8「働きがいも経済成長も」のTarget8.5は、「2030年までに、若者や障害者を含むすべての男性および女性の、完全かつ生産的な雇用および働きがいのある人間らしい仕事、ならびに同一労働・同一賃金を達成する」と、まさに働き方改革と一致した内容となっています。

また、Target8.2の「（略）労働集約型セクターに重点を置くことなどにより、多様化、技術向上およびイノベーションを通じた高いレベルの経済生産性を達成する」、Target8.8の「（略）不安定な雇用状態にある労働者など、すべての労働者の権利を保護し、安全・安心な労働環境を促進する」も働き方改革と考えを同じとする、といえるでしょう。

つまり、この働き方改革によって、日本の中小企業の労働環境がSDGsのルールに合致したものにつくり替えられることになります。

SDGsの政治的機能、経済的機能の観点から考えると、世界経済におけるESG投融資を日本の中小企業に還流させるために必要なしくみの一つとして、労働政策面で進められている施策が「働き方改革」であると考えることができるのです。

「働き方改革」への取組みも、SDGsがつくり出す世界、変わる価値観に組織を対応させていくことに他なりません。

「働き方改革」は、総じて、中小企業の負担を増やす方向に作用しましたが、それこそがSDGsが世界をつくり変えていくことに伴う“痛み”であると理解いただけるのではないでしょうか。

「外国人＝安い人材」は企業の命取り

働き方改革に関連して、日本のものづくり中小企業における人材の問題を考えてみましょう。
　製造業、特に中小企業における作業者の不足が叫ばれるなか、従来の若年労働者層の領域をカバーしてきたのが「外国人技能実習生」です。
　2019年10月末現在での在留者数は約38万人。そのうち、製造業は約22万人で、全体の57.5％を占めています［75］。製造業全体の就業者数が1,050万人前後で推移しているので［76］、製造業で働く人の約２％強が、外国人技能実習生という計算になります。
　本来の制度の趣旨との乖離が認められるものの、日本のものづくりがこの外国人技能実習制度により支えられてきたということは否定できません。
　しかしながら、外国人技能実習制度の運用に対しては、日本国内、そして国際社会からの厳しい批判があります。
　特に、米国国務省の「国別人権報告書」は、技能実習生に対する移動の自由・連絡の制限、賃金未払い、長時間労働、母国の仲介業者に対する多額の借金、身分証の取上げ、貯蓄強制等の発生をもって、この制度が「人身取引」や「労働者虐待」の温床になり得るものであると指摘しています。［77］
　つまり、外国人技能実習制度は、人権上問題のある制度であるという批判です。
　もちろん、そのような悪質な受入れ企業はごく一部であって、適切に運用している企業がほとんどであるということを前提としつつも、日本政府としては国際社会の批判への対応が必要となります。
　その一例として、2019年12月には、実習生の失踪に関連して管理団体等への指導強化策を公表しています［78］。また、2019年、安倍政権がそれまでの外国人労働者の受入れ抑制から受入れに政策を転換したことに伴い、新たに「特定技能」制度が創設されました。
　これらの外国人労働者に関する施策も、ＳＤＧｓの政治的機能、経済的機能の観点から考えることができます。
　関連する項目としては、ＳＤＧｓのGoal８「働きがいも経済成長も」

のTarget8.7「強制労働を根絶し、現代の奴隷制、人身売買を終わらせるための緊急かつ効果的な措置の実施、最悪な形態の児童労働の禁止および撲滅を確保する」、Target8.8「移住労働者、特に女性の移住労働者や不安定な雇用状態にある労働者など、すべての労働者の権利を保護し、安全・安心な労働環境を促進する」等が該当します。

ＳＤＧｓアクションプランにおいても、外国人人材の能力開発、人権啓発、留学生の受入等に関わる施策を盛り込んでいるので、「特定技能」制度を含め、日本国として外国人労働者の就労環境の適正化を推進していくことは間違いありません。

今後のものづくり中小企業への影響としては、たとえば、外国人人材を不適切に採用・雇用する企業に対しては摘発強化や在留資格不許可処分等が増加すると考えられます。逆に、外国人人材を積極的かつ適切に採用しようとする企業には、インセンティブ・メリットが与えられることになるでしょう。

これらの観点は、ＳＤＧｓのGoal８「働きがいも経済成長も」だけを見ていてはたどり着くことはできませんが、ＳＤＧｓをTargetや指標（indicator）まで見ていれば、予想できる変化ともいえます。

経営とは直接関係しませんが、外国人に関していえば、今後、海外送金の手数料が間違いなく下がります。

それは、Goal10「人や国の不平等をなくそう」のTarget10.c「2030年までに、移住労働者による送金コストを３％未満に引き下げ、コストが５％を超える送金経路を撤廃する」から見出せます。

ＳＤＧｓが指し示す先には、日本の近い将来の姿があります。

現在から将来への法制度や社会制度の変化を見出すことができれば、ビジネスチャンスまたはリスクを見出すことが可能となります。それこそが、時代と経営の羅針盤としてのＳＤＧｓの意義ということができます。

国土強靭化もやっぱりSDGs

このセクションの最後に、「ＳＤＧｓへの取組み」がものづくり中小企業に与える具体的なインセンティブ・メリットの例を紹介しましょう。

それは、「**事業継続力強化計画認定制度**」に関わるものです。中小企業庁が2019年に開始した取組みで、災害発生時等の事業継続に関連する施策になります。

ＳＤＧｓでいえば、Goal11「住み続けられるまちづくりを」のTarget11.5「2030年までに、（略）水関連災害などの災害による死者や被災者数を大幅に削減し、世界の国内総生産比で直接的経済損失を大幅に減らす」に関連するのですが、ＳＤＧｓのゴールだけを見ていた場合には、「事業継続力強化計画」にはたどり着けません。逆に、「事業継続力強化計画」だけを見ていても、ＳＤＧｓとの関連は見えません。

しかし、「ＳＤＧｓアクションプラン2020」においても防災・減災を主要取組みとして掲げていること、経済産業省の関連資料[20]においても中小企業のＳＤＧｓに関わる取組みとして「事業継続計画」（Business Continuity Plan。以下「ＢＣＰ」と略します）が位置づけられていることからも、この「事業継続力強化計画」もまた、ＳＤＧｓに関わる施策の一環に位置づけられるべきものといえます。

この事業継続力強化計画は、いわゆるＢＣＰとは違うものです。言葉遊びのようですが、ＢＣＰが「事業継続のための計画」であるのに対し、事業継続力強化計画は、「中小企業の事業継続“能力”向上のための計画」になります。

運用にも違いがあり、従来のＢＣＰで要求されていたような詳細

20　たとえば、NAGANO×KANTO地域ＳＤＧｓコンソーシアム、経済産業省関東経済産業局、一般財団法人日本立地センター著「ＳＤＧｓに取り組む地域の中堅・中小企業等を後押しするための新たな仕組み（支援モデル）の例示について」（平成31年２月）

なマニュアルの作成は求められていません。必要とされるのは、端的にいえば、防災・減災のための事前対策として「やりたいこと」を明確にするだけです。その「やりたいこと」を認定するという制度になっています。

ポイントは、「やりたいこと」であって、「すでにやり終えたこと」を評価するしくみではありません。

東日本大震災等の大規模災害において、従来型のマニュアル重視のＢＣＰが期待された結果を得られなかったことや、ＢＣＰが中小企業には負担が大きいこと等を考慮した結果、このような簡素な制度設計が行なわれました。

その理由は、今後想定されている大規模地震や近年多発する豪雨災害等の発生時に、少しでも多くの中小企業の生き残りを図るためです。

この制度のインセンティブが、今後のものづくり中小企業のＳＤＧｓやＥＳＧの取組みに関わる「リスクと機会」をわかりやすく示すものとなっています。

そのインセンティブは、大きく分けて二つあります。

一つは、防災・減災設備導入時や被災時等の資金調達時における優遇制度。もう一つは、「ものづくり・商業・サービス生産性向上促進補助金」（ものづくり補助金）の審査加点です。

一つめは、ＳＤＧｓ（この場合は事業継続）に取り組むことで得られる自社のメリット限定の話であって、取り組まない場合のデメリットは特段ないのでここでは言及しません。

しかし、二つめのものづくり補助金審査での加点は、今後のものづくり中小企業におけるＳＤＧｓやＥＳＧの取組みに非常に重要な意味をもっています。

その理由は、ＳＤＧｓやＥＳＧに取り組まないことがライバル企業に対するディスアドバンテージ（不利）になることの、きわめてわかりやすい例だからです。

今後「補助金という公的資金を使いたいのであれば、ＳＤＧｓに関連する取組みを行なわないと不利益な扱いを受ける」可能性が大きくなりつつあることを明確に示しているといえます。

このものづくり補助金における事業継続力強化計画の加点については、申請者や商工会議所・商工会等の申請支援機関において驚きと困惑があったと聞いていますが、ＳＤＧｓやＥＳＧ資金の還流という観点から考えれば納得のいく施策といえるでしょう。

経営の羅針盤として2015年にＳＤＧｓが示した“未来”は、2020年時点ですでに“現実”になりつつあります。

SDGs→政策→予算→補助金・助成金

前ページで、ものづくり補助金を例に補助金支給に関わるＳＤＧｓ・ＥＳＧ関連の施策を紹介しました。

当然ですが、国が決定する施策には予算がつきます。予算がつけば、その施策を推進するための事業に補助金・助成金という形で配分されることになります。

令和２年度（2020年度）の地方創生ＳＤＧｓに関する関連予算は、全127事業に付与されています（次ページの関連予算例の表を参照）。

地方創生という枠組みである以上、その多くは直接的には自治体に交付されることになります。とはいえ、地域経済活性化という目的である以上、最終的には、直接または間接的に地域経済に配分されることになるので、予算が自社の属する自治体に配分される意味は非常に大きいといえます。

ＳＤＧｓではなく、パリ協定の枠組みで考えれば、ものづくり中小企業が直接使える補助金は格段に増えます。

経済産業省管轄の「省エネルギー投資促進に向けた支援補助金」（省エネ補助金）はもはや定番化していますし、環境省管轄の地球温暖化対策税制を財源とするエネルギー対策特別会計に関わる補助金もあります。

また、働き方改革の枠組みのなかでも、助成金が用意されています。

◎地方創生SDGs関連予算の例◎

省庁名	事業名	事業内容
内閣府	未来技術社会実装支援事業	SDGs未来都市のうち「自治体SDGsモデル事業」に選定された都市・地域を対象として、その先導的な事業を推進するにあたっての必要な経費を補助
総務省	地域経済循環創造事業交付金（ローカル10,000プロジェクト）	産学金官の連携により、地域の資源と資金を活用して、雇用吸収力の大きい地域密着型事業の立上げを支援
経産省	地域・企業共生型ビジネス導入・創業促進事業	中小企業等（大企業との連携を含む）が、複数の地域に共通する地域・社会課題について、技術やビジネスの視点を取り入れながら一体的に解決しようとする取組みを支援
国交省	サステナブル建築物等先導事業（省CO_2先導型）	省エネ・省CO_2の実現性に優れ、先導性の高い住宅・建築物プロジェクトを支援
	既存建築物省エネ化推進事業（省エネルギー性能の診断・表示に対する支援）	建築物ストックの省エネ改修等を促進するため、省エネ改修工事や、それと併せて実施されるバリアフリー改修工事に対し、その工事費用等の一部を支援
環境省	地域脱炭素投資促進ファンド事業	採算性・収益性が見込まれるものの、民間だけでは必要な資金を調達できない脱炭素社会の構築に資する事業に地域の民間資金を呼び込むため出資により支援
	再生可能エネルギー電気・熱自立的普及促進事業	地方公共団体および民間事業者等の再生可能エネルギー導入事業のうち，地方公共団体等の積極的な参画・関与を通じて各種の課題に適切に対応するもの等について，設備の導入等に係る費用の一部を補助
	地域脱炭素化推進事業体設置モデル事業	地方公共団体の積極的な参画・関与の下，脱炭素化事業を実施する事業体を地域金融機関，地元企業，一般市民等の出資によって設置する場合に，事業化に係る費用の一部を補助
	地域の再エネ主力化・レジリエンス強化促進事業	再エネ主力化に向けた需要側の運転制御設備等導入促進事業
	設備の高効率化改修支援事業	設備の一部を改修し、性能回復させる省エネ対策手法の一般化を図るとともに、熱利用分野においても低炭素・脱炭素化を促進する PCB使用照明器具のLED照明への交換を支援することでPCB早期処理を促進させるため、これらの改修等に必要な経費を補助
	水素を活用した社会基盤構築事業	水素社会実現に向けた産業車両等における燃料電池化促進
	CO_2削減ポテンシャル診断推進事業	20%以上（中小企業は10%以上）のCO_2削減量を必達することを条件とし、実施する対策（設備導入・運用改善）のうち設備導入に対して支援

（出所：内閣府地方創生推進事務局「地方創生に資するSDGs関連予算」から抜粋）

このように、ＳＤＧｓやＥＳＧに関連した補助金や助成金は各省庁で用意されていますが、ただ単に公的資金のバラマキに終始しているわけではありません。各省庁ともに、ＥＳＧ投融資に関わる公的資金・民間資金を地域にどのように導くかを考慮した制度設計となっています。

特に環境省は、自治体・企業との連携を前面に打ち出した「ミライアイズ」（FUTURE EYES）というプロジェクトを展開しています。

このプロジェクトの特徴的な点は、ＥＳＧ金融を前面に打ち出していることです。ＳＤＧｓよりもＥＳＧを前面に出す徹底ぶりとなっています。

この「ミライアイズ」に示されているように、国のＳＤＧｓ・ＥＳＧの施策は、公的資金をもって民間資本が参入するための枠組みを構築し、そこにＥＳＧ資金を導くことで資本主義のサイクルを循環させ、社会課題を解決するしくみを実践するものとなっています。

つまりは、82ページの図が示しているとおりです。

ここでも、羅針盤としてのＳＤＧｓが指し示す場所にこそ、ビジネスチャンスが存在しているということがわかります。

5－6 SDGsが加速させる時代の速度 ～方針目標管理手法（ＰＤＣＡモデル）の限界

SDGsへの対応をＰＤＣＡに当てはめると

それでは、実際にＳＤＧｓへの対応を社内で進めるための方法について考えてみましょう。

企業が何らかの取組みを行なう際は、方針管理や目標管理のしくみ、いわゆる「**ＰＤＣＡサイクル**」を活用することが多いと思いますので、ここでもＰＤＣＡモデルをＳＤＧｓへの対応に当てはめると、次のようになります。

> ①ＳＤＧｓがつくり出す世界において自社のありたい姿を決定し（Plan①）、
> ②その姿になるために必要な施策をバックキャスティングで決定し（Plan②）、
> ③実施し（Do）、
> ④検証し（Check）、
> ⑤改善する（Action）。

バックキャスティングという考え方を除けば、これまでのＰＤＣＡサイクルと基本的には変わりません。

しかしながら、大変革期を迎えたものづくり企業の経営環境においては、これまでのＰＤＣＡの考え方そのままでは通用しない状況となりつつあることは理解しておく必要があります。

従来の経営サイクルよりスピードが速い

ＳＤＧｓがつくり出す時代における組織運営の課題は、これまでのＰＤＣＡサイクルの周期と、世界経済（業界）の変容の周期が合わなくなっていることに尽きます。

従来の日本型サプライチェーンの例でいえば、トップの企業が打ち出した計画が、下層（サプライチェーンの上流）に順番に送られていくという運用がされてきました。

下層の部品サプライヤーでいえば、トップの計画時点から自社での運用開始まで数年のタイムラグがあることも多分にあり得ますが、計画の期間内でサプライチェーン全体の目標を達成するという前提に立てば、「その程度」の時間はまったく問題にならなかった、ということになります。

しかし、ここでもう一度、自動車産業を例に近年の動向を考えてみましょう。

2015年のＳＤＧｓやパリ協定の採択からわずか５年の2020年時点で、ＥＵ・欧州各国政府や各メーカーは、ＥＶ化政策・戦略を急加速させています。

この動きに対して、トヨタは、2015年10月に策定した「トヨタ環境チャレンジ2050」における電動化目標の達成時期（2030年）を、2019年６月時点で５年前倒し（2025年）しています。

世界の自動車業界で１、２を争う超巨大企業が、計画発表から５年を経たずして、計画時期を５年前倒しせざるを得ない状況です。たった５年のうちに、自動車業界に“残された時間”が、５年短くなった計算になります。

時代の進むスピードは圧倒的に速くなり、さらに加速することは間違いありません。

これまでのサプライチェーンモデルを前提に中長期の経営サイクルを考えていると、へたをすれば計画段階が終わる前に計画を修正（またはやり直す）必要すら生じる速度です。

サプライチェーンに属していない場合でも、状況は変わりません。「プラスチックストロー」の例のように急激な価値観の変化は、どの業界でも起こり得ます。ＳＤＧｓ以前の時代の運用サイクルにあった“余裕”を、これからの時代のスピード感は奪っていきます。

社会や経済の環境変化に対応する

時代の速度という観点でいえば、世界、または日本の経済や社会の価値観を変える出来事の発生サイクルにも注目する必要があります。

日本国内で考えれば、戦後の復興期からバブル崩壊までの約40年の間は、景気の波があったとはいえ、「経済成長」という安定した価値観と、現実としての経済成長が存在し続けていた時期といえます。

しかし、バブル崩壊後に日本経済や日本社会に影響を与えた出来事を見てみると、以下のようになります。

1991年 … バブル崩壊、湾岸戦争
1995年 … 阪神・淡路大震災、地下鉄サリン事件
1997年 … アジア通貨危機
1999年 … 共通通貨ユーロ導入
2001年 … アメリカ同時多発テロ、エンロンショック
2003年 … イラク戦争
2005年 … 郵政民営化法案可決
2007年 … サブプライム危機
2008年 … リーマンショック
2009年 … 民主党政権誕生
2010年 … ギリシャ通貨危機
2011年 … 東日本大震災
2016年 … 世界同時株安
2018年 … イギリスＥＵ離脱正式決定
2020年 … コロナショック

現在（2020年）の情勢をVolatility（変動）、Uncertainty（不確実）、Complexity（複雑）、Ambiguity（曖昧）の頭文字をとった“VUCA”という言葉で表わすこともありますが、社会や経済の環境変化が激しく、従来に想定していなかった問題が次々に発生する時代に突入していることがわかります。

経済状況や社会的価値観の安定が過去のものとなった現在では、５年後、10年後を想定した長期経営計画を立てることにより、むしろ大きなリスクを抱え込む恐れもあります。

これからの時代の必然として、経営判断のサイクルは早くならざるを得ないと考えたほうがよいでしょう。少なくとも数年単位で経営のＰＤＣＡサイクルを回す、という行為は時代の要請に合わなくなってきています。

であるとすれば、企業としてＳＤＧｓがつくり出す世界、変わる

価値観に対応していくということは、単純に2030年にありたい姿をめざすだけでは足りず、同時に**高速化する経営環境の変化に即応できる組織を構築**する必要にも迫られるということになります。

たとえるならば、ＳＤＧｓの指し示す将来は北極星のように同じ位置にあるとしても、そこへたどりつくための移動手段や経路はその時々の状況に応じて常に変化させていく必要があるということです。

この変化を可能にする管理手法としては、ＰＤＣＡの高速化、インテル社が開発したＯＫＲ（Objectives and Key Results：目標と成果指標）[21]等の“新しい”手法の導入、組織のフラット化による権限移譲等が考えられますが、どんな手法を採るにせよ、その時々の経営環境に左右されずに組織としてゴールをめざす強い指向性と、それを可能にする経営者のリーダーシップが最も重要となります。

ＳＤＧｓがつくる世界で生き残るためには、速度感も含めて、新しい時代の価値観に立脚した経営のしくみに変容させる必要があるわけです。

（なお、企業のＳＤＧｓ導入をサポートする『SDGコンパス　ＳＤＧｓの企業行動指針』という手引書があります。企業におけるＳＤＧｓ戦略の策定のための分析ツールとしての色合いが濃く、ＫＰＩ（Key Performance Indicator）を採用していますが、組織での運用サイクルに関する言及はなされていません。）

21　たとえば、GoogleにおけるOKR（https://rework.withgoogle.com/jp/guides/set-goals-with-okrs/steps/set-objectives-and-develop-key-results/）※2020年６月８日時点

5－7

ＣＳＲの現代的意義

ＣＳＲの意味が変わった?!

ＳＤＧｓについて調べる際に、「**ＣＳＲ**」(corporate social responsibility。以下「ＣＳＲ」と略します）という言葉に出会うことがあります。

「ＣＳＲの一環としてＳＤＧｓに取り組む」といった表現で使われることが多いのですが、この言説には注意が必要です。

このＣＳＲ、現在の日本では「企業の社会的責任」と訳されることがほとんどかと思いますが、かつては、企業の行なう「社会貢献活動」という理解が一般的でした。現在においても「企業の本来の事業とは別に行なう慈善活動やボランティア」というイメージを持っている人が、まだまだ多くいます。

しかし、現代では「社会貢献活動」はＣＳＲのごく一部に過ぎず、自社と社会との協調を図り、企業価値を高めるためのさまざまな活動を包含する幅広い概念と理解されるようになっています。

したがって、この「ＣＳＲの一環としてＳＤＧｓに取り組む」という言説も、現代的意味のＣＳＲの観点からは、ＳＤＧｓを“社会貢献活動”という狭い範囲で理解するものではない、ということになります。

しかし、従来のＣＳＲの「慈善活動」のイメージを引きずった人など、受け取る人のＣＳＲの理解によっては、ＳＤＧｓの理解を狭める言説になり得ることも事実です。

ＣＳＲにはさまざまな考え方や解釈がありますが、言葉としての「社会的責任」(social responsibility）は、国際規格ISO26000：2010（JIS Z 26000：2012。以下「ISO26000」と略します）では、次のように定義されています。

> 組織の決定および活動が社会および環境に及ぼす影響に対して、（中略）透明かつ倫理的な行動を通じて組織が担う責任。
> ・健康および社会の福祉を含む持続可能な発展に貢献する。
> ・ステークホルダーの期待に配慮する。
> ・関連法令を遵守し，国際行動規範と整合している。
> ・その組織全体に統合され，その組織の関係のなかで実践される。[79]

日本国内の上場企業の多くは、このISO26000の規格に準じたＣＳＲガイドラインを運用しています。

中小企業にとっては、ガイドラインを作成したり、ＩＳＯに準拠してシステムを構築するというようなことはまったく現実的ではありませんし、そこまでの必要もないでしょう。

中小企業が考慮すべき「説明責任」

ＳＤＧｓとＣＳＲの関係性はさまざまな観点から考えることができるので一概にはいえませんが、本書ではＳＤＧｓに関連して、ものづくり中小企業が考慮すべきＣＳＲの要素を一点伝えておきましょう。

それは、ＣＳＲガイドラインを作成しているおそらくすべての企業が重要視している要素である「**説明責任**」（Accountability）です。

「説明責任」も「アカウンタビリティ」も当たり前のように使われる言葉になりつつあるものの、日本語ではイメージしづらい言葉であることは間違いありません。

この「説明責任」（Accountability）について、ISO26000では次のように定義しています。

「決定および活動に関して、組織の統治機関、規制当局およびより広義にはそのステークホルダーに対して、責任のある対応のとれる状態」

ごく簡単にいえば、自分たちの活動が社会に与えた影響について、（謝罪や賠償も含めて）企業として公式に対応できる体制を常に整えておく、ということです。

詳しくは後述しますが、ＳＤＧｓへの対応を進めるに際しては、**外部コミュニケーション**が非常に重要な要素となってきます。最重要といっても過言ではありません。

もちろん、ＳＤＧｓがその原則に「透明性」（説明責任）を掲げているという理由もあるのですが、単に形式的な意味ではなく実質として、これからの時代においては、自社の取組みや存在自体がＳＤＧｓやＥＳＧの観点から妥当なものであるということを、積極的に社会に訴える必要があるからです。

本項の冒頭にあげた「ＣＳＲの一環としてＳＤＧｓに取り組む」という言説については、現代的な観点からＣＳＲを考えた場合に、その幅広い取組みのうちの一つとしてＳＤＧｓを位置づけることができる、と理解しなければなりません。

5－8 「ウォッシュ」に注意！ ～説明責任の重要性

「（ＳＤＧｓ）ウォッシュ」とは

説明責任を軸にしたＣＳＲとＳＤＧｓとの関わりを考えることの重要性を、端的に表わしている言葉があります。それが「**ＳＤＧｓウォッシュ**（wash）」です。

簡単にいえば、「実態がないのに、ＳＤＧｓに取り組んでいるように見せかけること」をいいます。

この「ＳＤＧｓウォッシュ」（以下「ウォッシュ」と略します）は、「うわべを飾る」「ごまかす」「体裁を取りつくろう」といった意味を持つ「whitewash」に語源を持ちます。「whitewash」は、名詞として「漆喰」「修正液」といった意味も持っています。

実際には取り組んでいない、または、たいした取組みもしていないのに、「ＳＤＧｓに取り組んでいます！」といったアピールをしてＳＮＳで炎上する、といったイメージをしていただくとわかりやすいかと思います。

ポイントとなるのは、ウォッシュとの評価を受ける理由は、必ずしも「嘘」ではない、ということです。

パーム油の利用に関する問題

2019年、東北地方で建設中のバイオマス発電所に対して、国際環境ＮＧＯ、市民団体、科学者等から事業撤退を求める署名[22]が提出されました[23]。

このバイオマス発電所は、国内大手旅行会社系列の新電力会社が2020年の事業化をめざして建設を進めている施設です。

パーム（アブラヤシ）油を燃料とし、脱化石燃料・再生可能エネルギーへの転換を掲げています。同社のWEBページにアクセスすると、クリーンエネルギーの活用による地球環境問題の解決をめざすための事業であることのアピールと同時に、ＳＤＧｓのロゴが掲げられています。[80]

パーム油は、インドネシア、マレーシアを中心に栽培されており、その多くが輸出されています。汎用性の高い特性を有することから、日本では加工食品を中心に大量に利用されており、2019年は約77万9,000トンを輸入しています。[81]

しかし、このパーム油は、熱帯雨林破壊の象徴としても扱われて

22　計14万8,000筆。ただし、発電事業者側は、その97％が二重承認システムを採用していない海外サイト経由で匿名、複数署名があったと指摘している。（https://www.his-power.jp/pdf/NHK_answer_sheet.pdf）

23　東北大学大学院文学研究科 長谷川公一教授他「角田パーム油発電所の建設中止に関する申し入れ書」（https://www.foejapan.org/forest/palm/190205.html）

います。加えて、児童労働や野生動物への影響も指摘されている「問題児」でもあります。

そこで、パーム油の適正利用をはかるための国際認証制度「持続可能なパーム油のための円卓会議」(Roundtable on Sustainable Palm Oil：RSPO)[24]が組織されており、当該電力会社も加入しています。[80]

(なお、RSPOの設立には、前述のユニリーバ社が関与しています。)

つまり、同社で使われる燃料は、少なくとも「国際的に認められた燃料」ということになります。

にもかかわらず、反対運動が起きているのはなぜか？

反対派は、以下等の主張［82］をしています。

- 土地の開発に伴う森林火災・ＧＨＧの発生・熱帯林の減少などの環境破壊環境
- 希少動物の生態系への影響、農園労働者の人権侵害、土地紛争等の社会的問題の発生
- パーム油の燃料消費によるCO_2排出量は231g CO_2-eq/MJと、石炭の排出量（90.6gCO_2-eq/MJ）を上回る

これらの主張に対し、発電会社は、テレビ取材への回答として次のように述べています。

- パーム油生産におけるCO_2排出量の算出は、数多くの前提や仮定条件を組み合わせて算出されており、前提・条件が少し異なるだけで、シミュレーション結果が大きく変わる。2019年の経済産業省資源エネルギー庁の報告資料では、パーム油を含むすべての植物油が石油・石炭に比べ温室効果ガス排出量が少ないとの調査結果が示されている。前提や仮定条件の組み合わせ次第では、CO_2排出量が石炭火力の排出量よりも少ないという試算もあるのが現

24 https://www.rspo.org/

状である。石油・石炭から植物油に切り替えることは、環境課題に対しプラスであると考える。

- 乱開発や児童就労や奴隷労働など社会的配慮を欠いた、パーム油生産は賛同しない。
- 使用するパーム油は、諸問題の回避を約束された、RSPOの認証油を使用する。
- Goal 7に関わるエネルギーの課題を解決することで他のＳＤＧｓ開発目標の達成もプラスに働くと考える。
- パーム油産業は産出国の主要産業であり、数百万人もの雇用が支えられている。
- 重要なのはパーム油の利用を制限するのではなく、パーム油の利用に関わる課題をクリアにして、健全で持続可能な産業に成長させていくことだと思い、当発電事業を通じてその発展を支援していきたい。[83][84]

筆者は、企業側の主張には、ＳＤＧｓやＥＳＧの観点からみた妥当性は十分あると考えます。また、その主張も決して詭弁や偽計ではなく、資本主義社会における企業活動として正当なものといえるでしょう。

産出国としても、「正しい」パーム油の増産は地域経済の発展に貢献するので、ＳＤＧｓにおける「ビジネスチャンス」として歓迎すべきことといえます。

かたやＳＤＧｓの国際的ビジネスチャンス、かたや環境破壊のＳＤＧｓウォッシュ。見方は真っ二つに分かれます。

ここでは、どちらが正しいかを論じるつもりはありませんし、どちらが正しいかを読者の皆さまに判断してほしいと伝えるつもりもありません。

ここで考えていただきたいのは、ＳＤＧｓに関わる何らかの主張をすることは、機会である反面、企業の存続を脅かしかねないリスクも内包しうる、ということです。

SDGsは価値観の衝突を排除できない

ＳＤＧｓに取り組むことで、社会課題を解決する。では、何が社会をよくする取組みなのか、社会にとってよい行ないとは何なのか？

この質問には、実は決まった正解はありません。人の数だけ、答えがあるといえます。

このことは、ＳＤＧｓやＥＳＧが、人の価値観の相違という争いのタネを根源的に抱えていることを示しています、

本書ではＳＤＧｓの資本主義的性格を強調してきましたが、その意図は、従来公共セクターが中心になって対応してきた社会課題を**資本の論理で解決しようとするものがＳＤＧｓ**である、ということを理解していただくためです。

企業がＳＤＧｓに取り組むということは、本質的には、社会課題を何らかの経済的価値に置き換える行為です。

経済的価値に置き換える方法や、ともすれば経済的価値に置き換えること自体に、「価値観の衝突」が生まれ得ることは自明の理です。

また、ＳＤＧｓがＥＳＧ投融資という概念で従来の資本主義を修正し、富の再配分を行なうことを意図するものであるとしても、資本主義である以上、競争原理を排除することはできません。

競争である以上、ライバルが存在します。

商品の販売競争で、ライバルに勝つにはどうするか？　製品の優劣のみが消費者の行動を決定すると仮定して考えた場合、模範的な解答例は「ライバル製品より“優れた価値”を持つ製品を市場に投入する」となるでしょう。

しかし、一方では「ライバル製品の市場での価値を落とす」という回答もあり得ます。

プラスチックストローが市場から排除されたことは、“新しい価値観”が“古い価値観”を駆逐したことに他なりません。前述のバ

イオマス発電企業に対する批判も、まさにＳＤＧｓへの対応が「価値観の衝突」を生み得ることを示すものとなっています。

ＳＤＧｓは、その本質として、価値観の衝突を排除することができない構造となっているのです。

妥当性を有する取組みであることを主張する

前述したＣＳＲ、説明責任は、一面では企業が自社の行為について社会に対して責任のある対応をすることですが、この価値観の衝突を戦うための方法・武器という一面も持っている、ともいえます。

名づけるならば、「**攻めの説明責任**」です。

ここで重要なことは、自社の絶対的な正しさを主張するのではなく、「ＥＳＧの観点において、自社（の取組み）が、その目的に対して妥当であること」、もっと直接的な言い方をすれば、「ＥＳＧの観点から、投資対象として妥当であること」を主張することです。

バイオマス発電所の例にあるように、同じ行為でも、それを見る者の観点（価値観）によって評価が分かれます。さまざまな価値観が存在することを前提として、市民社会や利害関係者（反対者を含む）との関係性において、妥当性を有する取組みであることを主張（証明）する必要があります。

その主張の“確からしさ”の評価を、市場（ＥＳＧ投融資）が行なうのです。この構造を理解せずに、

「“地球にやさしい”＝ＳＤＧｓのビジネスチャンス」

といった単純な理解で行動した企業は、ウォッシュの大きなリスクを抱えていることになります。

現実としては、ものづくり中小企業という枠組みにとどまる限り、（よくも悪くも）このような市場や市民社会の価値観と直接対峙するケースはほぼないといってよいでしょう。

とはいうものの、ＳＤＧｓへの対応に際しては、自社の取組みが市民社会や利害関係者のニーズに対して妥当なものであることを証

明することはやはり必要です。

ＳＤＧｓへの対応において、価値観の相違と対峙することへの覚悟が必要ということと、価値観の衝突を戦うための手段としての説明責任の重要性は理解しておきましょう。

5－9 まとめ ～中小企業経営におけるＳＤＧｓの意義

ＳＤＧｓのルールに従ってゴールをめざす

本章までのまとめとして、ものづくり中小企業におけるＳＤＧｓの存在意義を改めて考えてみましょう。

2030年に向けて大きく変化する世界経済。自動車産業の「100年に一度の大変革期」に代表されるように、日本のものづくりを取り巻く環境は大きく変わりつつあります。

たとえば、内燃機関が、次の「プラスチックストロー」になる可能性もゼロではありません。その"駆け引き"が始まっていることは、おわかりいただけたと思います。

本書では自動車産業を中心に考察してきましたが、他の産業においても状況は変わりません。どの業界においても、資本主義におけるＳＤＧｓやＥＳＧの役割の視点から、トップランナーの取組みや動向を検証することによって、見えてくるものが必ずあります。

中小企業は、地域経済を支える重要な役割を担っていますが、ほとんどの企業は世界経済の最先端の存在とは成り得ず、政治や市場の動向に追従せざるを得ない立場にあります。

それでも、従来の緩やかな社会であれば構造として問題はありませんでしたが、ある日突然、仕事がなくなるような時代の速度には対応できません。

もちろん、日本の中小企業のほとんどの経営者は、時代の変化に対しての危機感を抱いているはずです。しかしながら、時代や自社を取り巻く環境がどのように変遷するのかを、世界経済の観点から見通すのはきわめて困難です。

しかし、世界経済は、時代の変化を一定の方向にコントロールするルールを設けました。

それがＳＤＧｓです。

ＳＤＧｓは、Sustainable Development Goalsの名のとおり、新しい社会がたどり着く場所を指し示すものです。世界中の人々が、地球というフィールドをあきらめない限り、そのゴールは変わりません。

ＳＤＧｓがルールである以上、私たちはそのルールに従って、ゴールへ向かって走るほかありません。

ＳＤＧｓへの対応として、どんなことに取り組むのか

世界経済が進む場所は、決まっています。

そこを指し示す道具（羅針盤）としてのＳＤＧｓ。それこそが、ものづくり中小企業におけるＳＤＧｓ最大の存在意義です。

それでは、ＳＤＧｓへの対応として、どのようなことに取り組むべきなのでしょうか。

業界や企業により異なった要素はありますが、本書では、すべての企業に共通して必要な要素は以下の３点と考えています。

①【宣言：Declaration】
変わる世界において、生存する意志を示すこと。

②【行動原則：Principle】
世界の変化に対応するため、自ら（組織）のあるべき価値（姿）を決定すること。

③【説明責任：Accountability】
価値観の衝突する世界において、自ら（組織）の行動の妥当性を証明すること。

①の【宣言：Declaration】は、経営者としてSDGsへの対応を進めることを宣言することです。企業として2030年に向けた変革を推し進めるためには、経営者の意志（≠意思）を組織に徹底させることが非常に重要になります。

②の【行動原則：Principle】は、自社の変革の道筋を照らすための価値観を決定するということです。SDGsがつくり出す社会の激動においては、自社が迷わずに進むための絶対的な価値観が必要です。

③の【説明責任：Accountability】は、この5章で"説明責任"の観点から説明しました。一面としては、企業が自社の行為について、社会に対して責任のある対応をすること、もう一面としては、価値観の衝突を戦うための方法・武器が必要ということです。

そしてSDGsを実装する

SDGsのつくり出す新しい世界は、本質として価値観が激しくぶつかり合う世界になります。その世界において、自己が許容され得る存在、妥当な存在であることは、自分で証明するしかありません。

詳しくは、それぞれ次の6章で解説しますが、日本を、そして世界を代表する企業は、SDGsやESGのコミットメントにおいて、ほぼ例外なく前記の3点を追求しています。

その取組みは、ESG投融資の拡大という背景があるとはいえ、SDGsという枠組みを超えて、企業のあり方そのものの進化と変革を市場に約束するものとなりつつあります。

この3つの要素が、SDGsがつくり出す時代の企業経営の核となることは間違いありません。

本書は、組織がこれらを追求することを次のように定義します。

「**ＳＤＧｓを“実装”する**」

そこで最終章である６章では、ものづくり中小企業におけるＳＤＧｓの“実装”を考えます。

6章

SDGsを「実装」する
——ものづくり中小企業に求められる行動

6－1

SDGsを“実装”するということ

“実装”とは

「**実装**」――ものづくりの世界では、設備や製品の仕様決定において、特定の機能を実現するための方法や装置、または、製造工程においてその機能を実現するための作業そのものを表現するために使われる言葉です。

ものづくり企業においては、電装部品に関わる人、またはＩＴ担当者等にはおなじみの言葉でしょう。逆に、金属加工やプラスチック成型に関わる人には、あまり縁のない言葉かとも思います。

この実装という言葉は、企業がＳＤＧｓに取り組む際にも使われています。

「**SDGsの実装**」――一般的には、企業がＳＤＧｓを経営の要素として位置づけることや、ＳＤＧｓの各ゴールに関わる社会課題解決型の製品やサービスを市場に投入することを指すようです。明確な定義はありませんので、使う人の立場や信条に依拠する言葉となっています。

この「ＳＤＧｓの実装」という言葉は、本書では、組織における以下の３つの取組みをもって定義します（130、131ページ参照）。

①【**宣言：Declaration**】
変わる世界において、生存する意志を示すこと。

②【**行動原則：Principle**】
世界の変化に対応するため、自ら（組織）のあるべき価値（姿）を決定すること。

③【説明責任：Accountability】
価値観の衝突する世界において、自ら（組織）の行動の妥当性を証明すること。

この定義には、各ゴールへの取組み方、組織での運用の手法は含んでいません。しかし、この定義にもとづいて各組織で「ＳＤＧｓ時代の自社のあり方」を検討していただければ、取組みや運用はおのずと決まってきます。

その取組みや運用のなかから、組織を変革（Transform）させるためのイノベーションが生まれてくるのです。

業界トップの変革と覚悟～トヨタとマツダの挑戦に学ぶ

ＳＤＧｓの“実装”について考えるにあたり、ものづくりのトップ企業２社の取組みを紹介します。

その２社とは、本書の提唱するＳＤＧｓの実装の要素①についてはトヨタ自動車。要素③についてはマツダです。

本書が自動車産業を中心に考察してきたということもありますが、この２社の「変わる世界」に対するアプローチは、中小企業も学ぶべきところが非常に多くあります。

【トヨタ自動車】

多くの人が気づいていると思いますが、近年のトヨタの広報戦略には、以前とは明らかに違う点があります。

それは、豊田章男社長の存在です。

2010年、リコール問題でアメリカ下院の公聴会に出席[25]して以来、一般社会との接点として常に最前線に立ち続けています。

25 「トヨタ75年史」https://www.toyota.co.jp/jpn/company/history/75years/text/leaping_forward_as_a_global_corporation/chapter5/section3/item1_a.htmlに詳しい。

2019年からは、オウンドメディア（自社媒体）である「トヨタイムズ」を立ち上げ積極的にＴＶＣＭを展開していますので、一般の人にも豊田社長の顔がなじみ深いものになりつつあります。

もちろん、このような前面に出るスタイルには少なからず批判もありますが、卓越したプレゼンテーション能力が生み出すメッセージは、見る者、聞く者をひきつける力を持っていることは否定できないでしょう。

その豊田社長が、日本のものづくり産業に対して発した最も強いメッセージが、2018年度のトヨタの年次報告書「Annual Report 2018」[85] の社長メッセージです。そのタイトルは、

『100年に一度の大変革の時代を生き抜くために』

です。その冒頭、豊田社長は、トヨタが「新しい競争ルール」で「新しいライバル」たちとの、

「生きるか死ぬかの戦いが始まっている」

と簡潔な言葉からメッセージをスタートさせています。

そこにあるのは、巨象であるトヨタの社長自らがその敗北の可能性を語る、ということの凄みです。

この言葉の後に、豊田社長は、

「トヨタを『自動車をつくる会社』から、『モビリティカンパニー』にモデルチェンジすることを決断しました」

と、やはり簡潔に伝えています。そこに飾りはありません。

“私たちは生き残らなければならない”

“だから、私たちは変革する”

ということを、読む者に迷いなく腹落ちさせることに成功しているのです。

豊田社長は、これからのリーダーの資質についても、こう記しています。

「スピードと前例無視」

「求められるリーダーシップは、『根回し』ではなく、『この指と

まれ』」

どちらも、従来の価値観からすれば、「言うことが前と違う」「他人をあてにしている」となりかねず、ともすれば、リーダーとしての資質や能力を否定されかねない言葉です。

しかし、生きるか死ぬかの戦いにある、というメッセージを発していたことにより、これらの言葉にむしろ肯定感を持たせ、

“だから自分に付いてきてほしい”

という強力なメッセージ性を持たせることに成功しているのです。

レポートの最後には、改めてこう記されています。

「100年に一度の大変革の時代を生き抜くため、私は自ら先頭に立って従業員と闘っていく所存でございますので、皆さまの変わらぬご理解、ご支援をお願いいたします」

この社長メッセージには、二つの重要なポイントがあります。

一つは、トヨタですら生き残れないかもしれない時代である、ということをトヨタの社長自らが語ったことです。

“トヨタが生き残れないのであれば、私たちはどうすればいいのか？”

ということを考えてほしい、という非常に強い意思を感じます。

その相手は、主に社員であり、取引先であり、その家族であると思いますが、それだけにとどまらないメッセージ性を有しています。

日本の社会全体に、

“私たちも、変わらなければならない”

ことに気づいてほしい、と伝えているのではないか、と。それを感じさせるのが、もう一つのポイントである「この指とまれ」です。

この「この指とまれ」は、3－1（☞59ページ）でサプライチェーンの変容に関して説明したように、オモテの意味は、トヨタグループやケイレツの外から新しい関係性を積極的に求めるということと考えられます。

しかし、そのウラには、日本社会の価値観そのものが変わらなけ

ればトヨタも含めて誰も生き残れない。従前の関係性のなかに安定を求めるのではなく、生き残るためには一緒に変革を進めてほしい、という願いが込められているように感じるのは筆者だけでしょうか。

豊田社長は、その後も各所でのスピーチのたびに、自社やトヨタグループの変革の必要性を繰り返し繰り返し発信し続けています。

68ページの表を見てもわかるように、冒頭のメッセージが発表された2018年初頭を前後する頃から、MaaS領域での他業種との提携戦略が急加速しています。

また、2020年時点において、トヨタは2014年頃から続けているトヨタグループ各社の大規模事業再編、国内販売各社の再編・販売チャネルの統合、自社組織改革等をこれまで以上に強力に推進しています。

これらの活動には、当然、相当な痛みも伴います。

しかし、豊田社長が先頭に立ってメッセージを発信し続けることにより、獲得した内外の信頼とリーダーシップがあるからこそ、これらの活動が強力に推し進められているだろうことは想像に難くありません。

これらは、決してＳＤＧｓへの対応という文脈で語られたことではありません。しかし、ＳＤＧｓがつくる時代の激動において、自ら生存する意思を示すことの重要性を示す至高のメッセージといえます。

【マツダ】

次に、ＳＤＧｓの実装の要素③**【説明責任：Accountability】**について、マツダのアプローチをご紹介します。

マツダは、ＳＤＧｓの年限である2030年を見すえた長期の技術開発ビジョン「サステイナブル“Zoom-Zoom”宣言2030」を2017年から推進しています。

同宣言での目標は、たとえば、二酸化炭排出量については、

- 2030年…50％削減（2010年比）
- 2050年…90％削減

と、数値としては他の自動車メーカーと同等となっています。[86]

しかし、マツダの場合は、その方法論が特徴的なものとなっています。

他のメーカーがＰＨＶ、ＥＶ、ＦＣＶに舵を切るなか、マツダは、2030年に向けて次世代内燃機関「SKYACTIVE-X」の可能性を追求することを宣言したのです。

上場企業であるマツダは、投資家の評価を直接受ける立場にありますから、ＥＳＧの観点からいえば、内燃機関の開発継続の思想は（特に欧州市場を考えれば）明らかに不利なはずです。

にもかかわらず、マツダは、なぜ「SKYACTIVE-X」に社運を賭けたのか？

その理由の一つは、2035年時点での世界市場の内燃機関比率を約84％とするデータ［86］を採用したことです。2030年時点でのCO_2削減には、内燃機関の性能向上が必要であるとの判断をしたことになります。

もう一つの理由は、CO_2の計算方法にあります。マツダは、実走車両から排出されるCO_2の計算において「Well to Wheel」という概念を採用しています。

ここでの「Well」とは、名詞の「油井」のことです。Well（油井）からWheel（車輪）まで、つまり、「Well to Wheel」とは、燃料採掘から実際に自動車が走行までに発生する総CO_2の量をもって環境性能を測る方法です。

これと対比される概念は、「Tank to Wheel」で、燃料タンクに入った燃料でタイヤを駆動（走行）する分で排出されたCO_2だけを計算する方法になります。

ＥＶやＦＣＶは、車両単体の走行あたりで発生する二酸化炭素排出量は、たしかにゼロです。しかし、その走行のための電気や水素を生産するときに必要なエネルギー量までを計算した場合にも、内燃機関に対する優位性があるのか、といえば、その答えは必ずしも明確ではありませんでした。

そこでマツダは、自らの決定（内燃機関の可能性の追求）が、気候変動問題への目的に対しても妥当なものである、ということを証明するための行動に出ました

それが、2019年３月５日に発表[26]された工学院大学との共同研究「ＬＣＡによる内燃機関自動車とＢＥＶのCO_2排出量の算定[27]」です。これは、世界の地域別に、Well to Wheelで計算したCO_2発生量を比較した論文です。その結果、地域の電源構成や車両の総走行距離によりCO_2排出量についての優位性が、ＥＶ車等と内燃機関車（SKYACTIVE-X）との間で入れ替わり得る、ということを主張するものです。

マツダとしては、この論文を根拠の一つとして、世界の各地域の電源構成や法規制等を考慮して、地域ごとに投入する車種と複数用意する戦略を進める意向です。

しかしながら、まったく逆の主張をするメーカーもあります。ＶＷ（フォルクスワーゲン）です。

マツダの発表に遅れること、わずか１か月半後の2019年４月24日、ＶＷが次のタイトルのプレスリリースを出しました。

「Electric Vehicles with Lowest CO_2 Emissions」（CO_2排出量が最も少ないのは電気自動車）[87]

このプレスリリースで、ＶＷは、製品ライフサイクルのすべての

26　第14回日本LCA学会研究発表会（2019年３月５日～７日）
27　原題：Estimation of CO_2 Emissions of Internal Combustion Engine Vehicle and Battery Electric Vehicle Using LCA

段階において、ＥＶ車のほうが内燃機関車よりも二酸化炭素排出量で優位である、と主張しています。

自動車メーカー２社が、自動車に関わる二酸化炭素に関するまったく反対の主張をしている構図ができています。

本書の論旨ではありませんので、ここでは、どちらが“正しいか”には触れません。そもそも前提条件が共通でない以上、単純に比較することは困難です。

このケースを「ＳＤＧｓの実装」という観点で考えると、もしマツダが沈黙をしていたとしたら、気候変動対策の論戦において「化石燃料に依存することを止めない」として、マツダの立場が非常に不利になっていた可能性があります。それを防ぐために、自ら主張（説明）したと考えることができます。

このマツダのアプローチは、ＳＤＧｓ実装の要素③**【説明責任：Accountability】**の重要性を端的に示しています。

また、マツダは、このアプローチにより、ＳＤＧｓがつくる世界においても、自社のアイデンティティを守る＝生き残る、という明確な意思表示をしたことになるので、ＳＤＧｓ実装の要素①**【宣言：Declaration】**の観点でも、非常に印象的な取組みといえるでしょう。

マツダは、年間生産台数約140万台（2019年度）［88］と、トヨタやＶＷと比べるとはるかに小規模なメーカーです。大メーカーに比べて限られたリソースで、ＥＳＧに対応しつつ、自社のアイデンティティを守るための戦略を採用したことは、今後のものづくり企業としての一つのあり方を示しています。

ただし、将来的には、電源構成における再生可能エネルギー比率の向上や、高効率バッテリーの開発等が進むことが確実であるため、ＥＶ等の優位性が高まることが予想されます。

マツダもトヨタと資本提携し、同社からＥＶ技術を取得しているように、必ずしも内燃機関だけに固執しているわけではないことや、欧州や中国のＥＶ化が想定どおり進まないこと（早まる場合、遅くなる場合の両方）も十分考えられるので、マツダの取組みについては（これはＶＷについてもですが）、今後も修正が加わることでしょう。

状況の変化により、**【説明責任：Accountability】**の内容や要求水準が激しく変わり得ることも理解しておく必要があります。

6－2

SDGsの実装①
意志を示す——Declaration

変わる世界において、生存する意志を示す

それでは、ＳＤＧｓの実装のそれぞれの要素について考えていきたいと思います。

まず、要素①**【宣言：Declaration】**、つまり「変わる世界において、生存する意志を示すこと」です。

この意志を示すという行為は、企業におけるＳＤＧｓの実装において絶対に必要な行為です。これは、“ＳＤＧｓに取り組む”という宣言をすることで、組織として、ＳＤＧｓ、つまり新しい時代のルールに則った運用を「社会へ約束をする」という意味と考えるとよいと思います。

トヨタのような大企業であれば、先述のトップメッセージのような形になるかと思いますが、中小企業であれば、当然そこまでのものは必要ないでしょう。すでに、３－５（☞79ページ）で説明した登録・認証制度や自社サイト・会社案内等を活用することが、現実的な運用です。

この宣言が必要な理由はきわめてシンプルで、**経営上のメリット**

の獲得です。ここでいう経営上のメリットというのは、製品・サービスの売上増や補助金の獲得といった金銭的・経済的なメリットに限りません。

ものづくり中小企業であれば、一番のメリットは、同じ価値観を持つ“仲間”を集めることができることと考えられます。

その仲間は、顧客だけでなく、社員、仕入先、金融機関等であったりしますが、宣言で示した価値観に共鳴してくれる相手を探すことは、「この指とまれ」の時代では非常に大きな意味を持ってきます。

消極的な理由としては、宣言の内容に居心地の悪さを感じる存在を排除することも含まれます。取引関係や会社運営に関していえば、短期的なマイナスも考えられますが、これからの時代の価値観の変容を受け入れられない相手を排除することは、経営上必要な作業といえます。

ここで注意しなければいけないのは、この宣言が、決して華々しく「ＳＤＧｓに取り組んでいます！」と表明することではないということです。

そうすることが企業の広報・広告戦略として有効である場合は当然除きますが、たとえば、これまで堅実な経営をしてきたものづくり企業が、ある日突然カラフルなアイコンをまとったとしたら、むしろ逆効果でしょう。

ＳＤＧｓやＥＳＧの資本主義経済における本質を理解している相手であればあるほど、派手さは嫌い、堅実さを好むことは想像に難くありません。

付け加えるならば、コロナショックを経て、社会の価値観が変わりつつある世界で、カラフルなＳＤＧｓの“イメージ”を最前面に出す姿勢はすでに“きわめて時代遅れ”です。

宣言内容の意味

それでは、実際の宣言の内容についても考えてみましょう。

まずは、外部登録・認証制度を使う場合です。

本書執筆時点では詳細未発表のため推測になってしまいますが、従来のマネジメントシステム認証を参考に考えると、経営者による"ＳＤＧｓ方針"の作成・公表が求められると考えられます。

特に、登録制度は簡便な手続きとなることが予想されるので、中小企業にとって使い勝手のよい選択肢になることが期待されます。

次に、自社で独自に宣言する場合です。

この場合には、必ずしも、"ＳＤＧｓ方針"とする必要はないでしょう。

宣言の目的は、ＳＤＧｓのルールに従って会社の価値向上を社会に約束することにあるので、むしろ、経営者から顧客・従業員等の利害関係者に宛てたメッセージのような形が適切と考えます。

登録・認証制度で"ＳＤＧｓ方針"を作成・公開したとしても、方針の意図を説明するものとして何らかのトップメッセージを発したほうが望ましいでしょう。最も重要なことは、経営者のリーダーシップを社内外に示すことであるからです。

当然ですが、宣言したからには、その"中身"が問われることになります。しかし、周囲の環境が激しく変容していく状況下では、時々の経営判断としてはフレキシブルな対応が求められることになります。

そのため**【宣言：Declaration】**は、一度発して終わりではなく、繰り返し繰り返し発する必要があります。

会社の周囲を取り巻く環境の変化に対応して進化し続けるためには、その必要性を内外に訴え続けるしかありません。

とはいえ、その時々の判断の積み重ねによって本来志向する方向とのズレが生じてくる可能性も十分にあります。

そのズレを防ぐために、組織の方向性を決定づけるための絶対的な価値観を決定するものが、ＳＤＧｓ実装の要素②**【行動原則：Principle】**、つまり「世界の変化に対応するため、自ら（組織）のあるべき価値（姿）を決定すること」です。

6－3 SDGsの実装②
原則を決める――Principle

組織の核となる価値観をどう構築するか

この【行動原則：Principle】は、具体的には、急速化する社会の変化のなかにあっても、揺らぐことなくゴールをめざすための組織の核となる価値観をどう構築するか、ということです。

目的地は、あくまでもSDGsのゴール、つまりSDGsがつくり出す新しい資本主義の世界です。

そこで、必要とされる価値観もSDGsそのもの、言い換えれば規範的機能としてのSDGsです。そうであれば、会社における意思決定自体のより所となる絶対的価値観を、SDGsに依拠して決定しておくことが望ましいのです。

本書では、これを組織の【行動原則：Principle】と呼びます。

この【行動原則：Principle】は、必ずしも目新しい考え方ではありません。むしろ従来の日本型経営においては、当たり前であった考え方に依拠しています。

その考え方は、「綱領」や「社員心得」などと呼ばれるものです。たとえば、トヨタグループには、創始者豊田佐吉氏の考え方をもとに成文化した行動指針「豊田綱領」があります。

【豊田綱領】

一、上下一致、至誠業務に服し、産業報国の実を挙ぐべし
一、研究と創造に心を致し、常に時流に先んずべし
一、華美を戒め、質実剛健たるべし
一、温情友愛の精神を発揮し、家庭的美風を作興すべし
一、神仏を尊崇し、報恩感謝の生活を為すべし［89］

この豊田綱領は、まさにトヨタ流経営の本質といえるでしょう。

ＳＤＧｓ時代が訪れたいまであっても、まったく色あせるところはありません。むしろ、時代が変わっても引き継がれる絶対的な価値観として、今後さらなる役割を担っていくと考えられます。

日本のＣＳＲ／ＳＤＧｓの第一人者である笹谷秀光氏は、日本の近江商人の「三方良し」の精神を例に、日本型経営とＳＤＧｓの親和性を論じています[28]。

日本の江戸時代、おそらく人類史上で最も平和が続いた時代に日本の商人が培った精神は、ＳＤＧｓの規範性の下においてこそ、その輝きを増すと考えられます。

この日本型経営の精神ですが、日本の伝統的ものづくり産業に共通した価値観でもあります。その証拠に、日本のものづくり企業は、多くの企業に「経営理念」が存在しています。

必ずしも成文化されている必要はありませんが、多くの企業では、創業者の思想が何らかの形で引き継がれているはずです。経営における**【行動原則：Principle】**は、第一には、その企業の経営理念から導かれるべきものといえます。

普遍的・絶対的な価値観でなければならない

最も重要なポイントは、**【行動原則：Principle】**は、経営理念がそうであるように、ある時期・時点の経営環境に左右されない普遍的・絶対的な価値観でなければならない、ということです。

方針管理や目標管理のしくみを否定する意図ではないということはご理解いただきたいと思いますが、５－６（☞116ページ）で説

28　ＣＳＲ／ＳＤＧｓコンサルタント。官僚を経て株式会社伊藤園の常務執行役員ＣＳＲ推進部長として、同社のＳＤＧｓ活動を推進した。WEBサイト：https://csrsdg.com/

明したように、現在は経営環境の変化の速度が急速に速くなっています。従来考えられていた中長期計画の期間の完了を待たず、技術革新が進み、市場が大きく変わる世界に変貌しつつあります。

まさに「前例無視」、というよりは、前例がまったく役に立たない時代です。従業員や関係先からしてみれば「経営者の言うことが変わる」「以前と逆のことを言っている」というケースが発生する可能性も非常に高くなります。

その結果、組織への信頼や組織が育んだ文化の持続性を失うリスクもあり得ます。それを避けるために必要なものの一つめが、先述のＳＤＧｓ実装の要素①**【宣言：Declaration】**です。

そして、この経営者の宣言、リーダーシップに一定の信頼性を持たせるためには、方針や目標を決定する経営者自身をも拘束する絶対的な価値観や機能が必要になります。

それが、この**【行動原則：Principle】**なのです。

自社に必要な価値観を経営者自身の言葉で表現する

ここまで読むと難しく感じるかもしれませんが、「綱領」や「社員心得」にたとえたように、**【行動原則：Principle】**の内容そのものは決して難しく考える必要はありません。

ＳＤＧｓがつくり出す世界で、自社がありたいと思う姿で必要な価値観を、経営者自身の言葉で記せば十分です。いまの価値観ではなく、将来に必要な価値観を逆算（バックキャスティング）して決定することになります。

もちろん、全部のゴールを対象にする必要もありませんし、必ずしもＳＤＧｓという言葉を使う必要もありません。会社のあるべき姿を簡潔に書くほど、機能は高まります。

内容について一つだけ守るべきことがあるとすれば、**【行動原則：Principle】**は、人によって理解（の方向性）が分かれないような内容とする必要があります。

2030年をめざして、組織や、組織の価値観を継続的にアップデートさせるために必要な程度には、具体的な記述でなければなりません。

なお、ものづくり中小企業における**【行動原則：Principle】**の例を、151ページの図に記載しています。

6－4

SDGsの実装③ 説明する――Accountability

自ら（組織）の行動の妥当性を証明する

最後にＳＤＧｓ実装の要素③**【説明責任：Accountability】**、つまり「価値観の衝突する世界において、自ら（組織）の行動の妥当性を証明すること」について考えます。

そもそも、ＳＤＧｓは実施原則に「透明性」（説明責任）を掲げているので、ＳＤＧｓに関わる主体は、何らかの形で「説明責任」を果たす必要があります。

この「説明責任」ですが、５－７（☞121ページ）で説明したように、形式的な意味では自社の行動が社会に与えた影響（これは、よいことも悪いことも含む）について責任のある対応を果たすこと、ということになりますが、５－９（☞129ページ）で説明したように、資本主義としてのＳＤＧｓの本音としては、ＳＤＧｓやＥＳＧがつくり出す世界において起きる「価値観の衝突」を戦うための手段、ということになります。

ＳＤＧｓ実装の３つの要素の構造を考えた場合、要素①**【宣言：Declaration】**も要素②**【行動原則：Principle】**も、「私（自社）の価値観」の域を超えていません。であるとしても、ボランティアや（狭い意味でのＣＳＲとしての）社会貢献活動であれば、特段の問題は起きないでしょう。

しかし、繰り返しますが、ＳＤＧｓは資本主義の競争のためのルールです。必ず他者の評価が伴います。評価を得るためには、自社の価値観を他者に主張する必要があります。そのための行為としての**【説明責任：Accountability】**が非常に重要になる、ということです。

「説明責任」とは

【説明責任：Accountability】を、ＳＤＧｓやＥＳＧがつくり出す世界において起きる「価値観の衝突」を戦うためと書きましたが、決して勘違いをしていただきたくないのは、けんか腰になったり、相手を否定することではないということです。

ここでの戦いは、企業としての正当な競争という意味であって、人として争うことではありません。あくまでも、正当な競争である、ということが大前提になります。

５－９でも書きましたが、ＳＤＧｓ実装における**【説明責任：Accountability】**において、最も重要なことは、自社の絶対的な正しさを主張するのではなく、

“自社の取組みや主張が、その目的に対して妥当であることを理解してもらう”

ために行なう、ということです。

マツダとＶＷが、自動車のCO_2削減という同じ目的に対しまったく逆のアプローチをとったように、ＳＤＧｓのゴールをめざす取組みの方法は一つではありません。ゴールの方向は同じでも、取り組む主体が違えば当然、目標値も、思想も、手法も、手段も違ってきます。

絶対的な正しさは存在しない世界です。

したがって、**【説明責任：Accountability】**では、取組みの内容や結果だけでなく、**そこに至る過程を伝える**ことが非常に重要です。

【説明責任：Accountability】とは、自分たちの取組みが、

①ＳＤＧｓのどの目標について、

②どのような考えにもとづき、

③どのような取組みをし、
④どのような結果であったかを、
⑤理解してもらえるように努めること
ということができます。
それでは、モノづくり中小企業の**【説明責任：Accountability】**について、その取組み方を考えていきましょう。

中小企業における「説明責任」のしかた

次ページに、中小企業の**【説明責任：Accountability】**の例として、「持続可能な開発目標に関する活動」の報告書のサンプルを掲載しました。
この報告書を作成するポイントは以下のとおりです。

【内　容】
上場企業であれば、ISO26000にもとづいたＣＳＲレポート等が必要となりますが、非上場の中小企業では当然、必要ないでしょう。
最低限必要になるのは、前述のとおり、①ＳＤＧｓのどの目標について、②どのような考えにもとづき、③どのような取組みをし、④どのような結果であったか、です。
内容のレベルについては、会社の規模や、取組みによって得たい経済的価値の大きさ、対象者等の事情に応じて決定することになります。
たとえば、家族や創業メンバー以外の第三者による出資を受け入れているような場合は、求められるレベルが高くなる可能性がありますが、通常の場合、ものづくり中小企業であれば、主要顧客の要請レベルに合わせれば問題ないでしょう。
どのような場合でも、ただ単に文字や数字を並べるのではなく、必ず経営者の顔が見えるようにメッセージを添えることが必要です。トヨタの例にあるように、トップのリーダーシップを示すことは、これからの時代には重要性を大きく増してきます。

◎中小企業における【説明責任：Accountability】の例◎

○○製造株式会社　○○期　持続可能な開発目標に関する活動のご報告

経営理念

絶え間ぬ品質の追求をもって、お客様と地域社会の発展に貢献する

皆様とのお約束

当社は、お客様、協力会社様、地域の皆様との協働を進め、国連持続可能な
開発目標（SDGs）で求められる企業としてのあり方を追求して参ります

行動原則

当社および当社社員は、常に下記を範として行動し、
持続可能な社会の構築における責任を果たすものとする

- 安全と健康を最優先とし、互いを尊重して業務にあたること（Goal3、8）
- 国籍や性の別なく、相互理解を進めること（Goal5、8、10、16、17）
- 社会の一員として、法令等のルールを遵守すること（Goal16）
- 自らの成長とともに、地域の児童・生徒の育成に貢献すること（Goal4、8）
- 水を大切に利用し、周辺環境への配慮を心がけること（Goal6、14、15）
- 生産性を追求し、エネルギーと資源の有効活用に努めること（Goal7、8、12、13）
- お客様や関係会社と協力し、技術の研鑽と新たな価値の創造に努めること（Goal9、12、17）
- 防災活動を進め、安全なまちづくりに貢献すること（Goal11）
- 地域社会との対話を進め、協働に積極的に参画すること（Goal17）

代表ご挨拶　「地域と共に歩む企業として」（弊社の考え方）

○○○○○○○○○○○○○○○○○○○○○○○○○○○○○○○○○○○○○○
○○○○○○○○○○○○○○○○○○○○○○○○○○○○○○○○○○○○○○
○○○○○○○○○○○○○○○○○○○○○○○○○○○○○○○○○○○○○○
○○○○○○○○○○○○○○○○○○○○○○○○○○○○○○○○○○○○○○

○○期方針 ／ 目標

経営方針／目標	品質方針／目標	環境方針／目標
○○○○○○○ ○○○○○○○ ○○○○○○○	○○○○○○○ ○○○○○○○ ○○○○○○○	○○○○○○○ ○○○○○○○ ○○○○○○○

主要パフォーマンス

項　目	主要Goal	指　標	取組みの概括 ／ 総評
安全	3、8	労働災害発生○件 （達成）	○○○○○○○
品質	8、9、12	流出不良○○ppm以下（未達）	○○○○○○○
生産性／環境	8、12、13	CO_2排出総量 前年比○%（未達） （原単位：売上高）	○○○○○○○
ジェンダー	5、8	現業部門女性社員比率○○%	○○○○○○○
インフラ整備／防災	9、11	事業継続力強化計画認定 （計画推進中）	○○○○○○○
コミュニケーション	4、12、17	○○社技術研究・協力会／ ○○地区児童育成会　継続参加中	○○○○○○○
コンプライアンス	8、16	労働法外部診断受診 （指摘○件対応中）	○○○○○○○
○○	○○	○○○○○	○○○○○○○

【透明性の確保】

ＳＤＧｓが、社会課題を経済的価値に変換するしくみである以上、その過程に不明瞭な点があることは、できる限り避けなければなりません。不明瞭な点があれば、「ＳＤＧｓウォッシュ」との評価を受ける可能性が非常に高くなります。

この透明性を確保するためには、まず何よりも、虚偽の説明等は絶対にしないことです。

また、あいまいな、たとえば「天然素材だから環境に優しい」といった表現は避けましょう。天然素材であることが必ずしも環境に優しいわけではなく、そもそも「環境に優しい」とはどのような意味でいっているのかが、まったくわかりません。

内容に疑義を持たれないように、取組みの内容と結果については、可能な限り客観的な指標を添えましょう。そのためには、常日頃からのデータ収集を続けることが重要となってきます。

もう一つ重要なことは、仮に結果が悪くても、その結果を正直に公表することです。と同時に、その理由についても明確にする必要があります。

【公表の方法】

中小企業であれば、難しく考えることなく、簡素な方法で十分でしょう。

媒体としては、会社パンフレット、WEBサイトへの掲載、経営計画書等が考えられますが、それらがなければ、経営者の口述から始めても十分と考えます。

媒体の問題ではなく、**【宣言：Declaration】**と同様、伝えるべき相手に伝える、という行為そのものが最も重要な意味を持ちます。

ＳＤＧｓは「透明性」（説明責任）を原則としていますので、今後始まる予定の登録・認証制度では、「パフォーマンスシート」（成果報告書）の提出や公開が義務づけられると考えられます。

登録・認証制度を活用する場合は、そのしくみに則って運用すれば十分でしょう。登録・認証制度を活用しない場合であっても、その内容は十分参考になるでしょう。

【対象者】

想定される対象者としては、顧客、株主、従業員、地域住民、行政機関、ライバル企業、クレーマー等になります。

対象者を考える際に重要なことは、すでに出会っている相手だけではなく、今後出会う相手、出会いたい相手も想定することです。

ＳＤＧｓ実装の要素としての**【説明責任：Accountability】**の場合は、ＳＤＧｓの経済的利益を得るための手段でもあるので、できるだけ広い層に伝えることを考えるべきといえます。

仲間づくりの一環、営業活動の一環として考えることも非常に重要です。

6－5 リーダーの覚悟

実は特に目新しいことはない

ＳＤＧｓの実装について解説してきましたが、ＳＤＧｓに関する活動を企業内で運用するための手法という点では、実のところ特段目新しいことはありません。

テクニックとして最も簡単な運用は、既存の方針管理・目標管理やＩＳＯのしくみに統合してしまうことです（151ページの例も、この手法で作成しています）。形式的な「ＳＤＧｓの取組み」であれば、これでも十分成立してしまいます。

120ページで紹介した「ＳＤＧコンパス」という手法についても、バックキャスティングやアウトサイドインの要素を組み込んではいるものの、ＫＰＩ（Key Performance Indicator：重要業績評価指標）による進捗管理という枠組みにとどまるしくみです。

結局のところＳＤＧｓは、組織における運用管理手法の面では、従来のPDCAサイクルやISO26000等に代わる新しい手法を用意できていません。

求められているのは「変化」ではなく「変革」

本書では、ＳＤＧｓを資本主義の新しいルールと位置づけ、そのルールが変える世界への対応を読者に訴えてきました。

ＳＤＧｓの本体である2030アジェンダが世界に求めているものも、「変革」であって「変化」ではありません。

にもかかわらず、組織での運用管理手法が従来のモデルと形式的に変わらないのであれば、ＳＤＧｓの実質をどこに求めるかが問題になります。つまり、結局は「いままでの取組みとどこが違うのか？」という質問に回帰してしまうことになります。

この質問への回答として、既存の取組みとの違いを探すのであれば、2030アジェンダ本体に帰結するしかありません。

その答えは、やはり「**変革**」です。

2030アジェンダが求めているものが、持続可能な社会をつくるために、既存の価値観や生活様式を変えることであり、イノベーションを起こすことであるとすれば、それは人の意志でしかなし得ないものです。

「覚悟」があるかどうかにかかっている

企業でいえば、経営者（経営層）の意志や時々の意思決定であり、変革による痛みを伴うことを加味すれば、「**覚悟**」という言葉になるでしょう。

であるとすれば、企業における既存の取組みとＳＤＧｓを分けるものは、経営者の内心に時代の変革に向き合う「覚悟」があるかどうかにかかってきます。

この経営者の覚悟がなければ、本書のＳＤＧｓ実装の要素①～③

もまったく機能しないことは明白です。

企業におけるＳＤＧｓの実装は、ＳＤＧｓがつくり出す時代の激動を乗り越えるための強いリーダーシップなしでは、なし得ません。

おわりに

本書を最後までお読みいただきました読者の皆さまに、心より感謝いたします。

本書は、ものづくり中小企業の皆さまに「ＳＤＧｓの本質」を理解していただくために、ＳＤＧｓとＥＳＧ投融資をめぐる世界の政治経済の動向と、その日本のものづくり中小企業の経営に与える影響、そして、この新しい時代を生き残るための視点を伝えることに注力いたしました。

一方、運用管理の方法や事例紹介等は、紙面の関係からほぼ省略せざるを得ませんでした。もし機会がありましたら、ＳＤＧコンパス・ISO26000等について、ものづくり中小企業における運用をご紹介したいと考えていますが、本書６章でも触れたように、ＳＤＧｓに関わる取組みそのものの運用手法に特別な新しい考え方はありません。

これからＳＤＧｓがつくり出す世界への理解さえあれば、各企業における取組みは問題なく進めていただけるものと考えています。

なお、巻末資料として、ＳＤＧｓへの取組みに役立つツール等を紹介していますので、参考にしてください。

実は、本書の脱稿直前の2020年５月、今後のものづくり中小企業とＳＤＧｓとの関係に大きな影響を与えるであろう出来事が起こりました。

本書でも紹介したトヨタ自動車の豊田章男社長から、ウィズコロナ、アフターコロナの時代におけるトヨタの使命が「幸せを量産すること」であり、それは「『ＳＤＧｓ』、『持続可能な開発目標』に本気で取り組むこと」でもあるとの発言［90］が飛び出したのです。

同社の影響力を考えれば、日本の政財界全体のＳＤＧｓ・ＥＳＧシフトが一気に進むことも十分に考えられます。

日本のものづくり、特に自動車産業に関わる中小企業への影響は、非常に大きなものとなるでしょう。
やはり、2020年のコロナショックが、時計の針を一気に進めたことは間違いありません。時代はすでに移り変わり、私たちは新しいルールが支配する世界に生きています。もはや後戻りはできません。
この新しい時代における読者皆さまの会社のご発展に、本書が少しでも寄与できましたら幸甚です。

最後に、本書の執筆にあたり、発行にご尽力いただいたアニモ出版の小林良彦様、出版企画作成に助言をいただいた株式会社ウェイビーの伊藤健太様、弊社ＳＤＧｓ企画に助言をいただいた株式会社教育スクールビジネス研究所の小林正弥様、弊社パートナーの米盛ゆみ子様・村上沙絵様、そして、弊社を支えていただいているお客様、コンサルタント・行政書士の諸先輩・友人、地域の皆さまに心からの感謝を申し上げます。
ありがとうございました。

森 健人

便利で役に立つ！

巻末資料集

1　SDGsへの取組みに役立つツール等

◎SDG Compass（SDGsの企業行動指針）

企業にＳＤＧｓを適用する方法の指南書。ＳＤＧｓと経営との一体や戦略策定のためのツールと知識を提供する。

日本語版：https://sdgcompass.org/wp-content/uploads/2016/04/SDG_Compass_Japanese.pdf

◎SDG Industry Matrix（産業別SDG手引き）

企業におけるＳＤＧｓの取組みを支援するための手引書。関連するイニシアチブや企業事例を紹介している。

日本語版：
http://ungcjn.org/activities/topics/detail.php?id=204

◎ISO26000（社会的責任に関する手引き）

組織の社会的責任に関する原則と中核課題を規定する国際規格。上場企業のＣＳＲ報告書の多くがこの規格に準拠して作成される。

日本語版（JIS規格）購入：
https://webdesk.jsa.or.jp/books/W11M0070/index

◎GRIサステナビリティ・レポーティング・スタンダード

企業のＥＳＧ情報／サステナビリティ報告書の公開／報告に関する世界基準を定める共通規格。多くの日本企業が、情報開示事項の決定に活用している。

日本語版：https://www.globalreporting.org/standards/gri-standards- translations/gri-standards-japanese-translations-download-center/

2 SDGsの「Goal」「ターゲット」「指標」一覧

ＳＤＧｓの17のゴール（Goal）については、１章16～22ページに掲載しましたが、その内容である169のターゲットと、目標の達成度合いを測る244の指標について、以下に一覧表で掲載します。ご参考にしてください（出所：外務省（2019年８月時点仮訳））。

Goal 1	あらゆる場所のあらゆる形態の貧困を終わらせる		
ターゲット		指標	
1.1	2030年までに、現在１日1.25ドル未満で生活する人々と定義されている極度の貧困をあらゆる場所で終わらせる。	1.1.1	国際的な貧困ラインを下回って生活している人口の割合（性別、年齢、雇用形態、地理的ロケーション（都市／地方）別）
1.2	2030年までに、各国定義によるあらゆる次元の貧困状態にある、すべての年齢の男性、女性、子供の割合を半減させる。	1.2.1	各国の貧困ラインを下回って生活している人口の割合（性別、年齢別）
		1.2.2	各国の定義にもとづき、あらゆる次元で貧困ラインを下回って生活している男性、女性および子供の割合（全年齢）
1.3	各国において最低限の基準を含む適切な社会保障制度および対策を実施し、2030年までに貧困層および脆弱層に対し十分な保護を達成する。	1.3.1	社会保障制度によって保護されている人口の割合（性別、子供、失業者、年配者、障害者、妊婦、新生児、労務災害被害者、貧困層、脆弱層別）
1.4	2030年までに、貧困層および脆弱層をはじめ、すべての男性および女性が、基礎的サービスへのアクセス、土地およびその他の形態の財産に対する所有権と管理権限、相続財産、天然資源、適切な新技術、マイクロファイナンスを含む金融サービスに加え、経済的資源についても平等	1.4.1	基礎的サービスにアクセスできる世帯に住んでいる人口の割合
		1.4.2	(a)土地に対し、法律上認められた書類により、安全な所有権を有している全成人の割合（性別、保有の種類別） (b)土地の権利が安全であると認識している全成人の割合（性別、保有の種類別）

	な権利を持つことができるように確保する。		
1.5	2030年までに、貧困層や脆弱な状況にある人々の強靱性（レジリエンス）を構築し、気候変動に関連する極端な気象現象やその他の経済、社会、環境的ショックや災害に暴露や脆弱性を軽減する。	1.5.1	10万人当たりの災害による死者数、行方不明者数、直接的負傷者数 （指標11.5.1および13.1.1と同一指標）
		1.5.2	グローバルGDPに関する災害による直接的経済損失
		1.5.3	仙台防災枠組み2015-2030に沿った国家レベルの防災戦略を採択し実行している国の数 （指標11.b.1および13.1.2と同一指標）
		1.5.4	国家防災戦略に沿った地方レベルの防災戦略を採択し実行している地方政府の割合 （指標11.b.2および13.1.3と同一指標）
1.a	あらゆる次元での貧困を終わらせるための計画や政策を実施するべく、後発開発途上国をはじめとする開発途上国に対して適切かつ予測可能な手段を講じるため、開発協力の強化などを通じて、さまざまな供給源からの相当量の資源の動員を確保する。	1.a.1	政府によって貧困削減計画に直接割り当てられた国内で生み出された資源の割合
		1.a.2	総政府支出額に占める、必要不可欠なサービス（教育、健康、および社会的な保護）への政府支出総額の割合
		1.a.3	貧困削減計画に直接割り当てられた助成金および非譲渡債権の割合（GDP比）
1.b	貧困撲滅のための行動への投資拡大を支援するため、国、地域および国際レベルで、貧困層やジェンダーに配慮した開発戦略にもとづいた適正な政策的枠組みを構築する。	1.b.1	女性、貧困層および脆弱層グループに重点的に支援を行なうセクターへの政府からの周期的な資本投資

Goal 2	飢餓を終わらせ、食料安全保障および栄養改善を実現し、持続可能な農業を促進する		
ターゲット		指　標	
2.1	2030年までに、飢餓を撲滅し、すべての人々、特に貧困層および幼児を含む脆弱な立場にある人々が一年中安全かつ栄養のある食料を十分得られるようにする。	2.1.1	栄養不足蔓延率（PoU）
		2.1.2	食料不安の経験尺度（FIES）にもとづく、中程度または重度な食料不安の蔓延度
2.2	５歳未満の子供の発育阻害や消耗性疾患について国際的に合意されたターゲットを2025年までに達成するなど、2030年までにあらゆる形態の栄養不良を解消し、若年女子、妊婦・授乳婦および高齢者の栄養ニーズへの対処を行なう。	2.2.1	５歳未満の子供の発育阻害の蔓延度（WHO子ども成長基準で、年齢に対する身長が中央値から標準偏差－２未満）
		2.2.2	５歳未満の子供の栄養不良の蔓延度（WHOの子ども成長基準で、身長に対する体重が、中央値から標準偏差＋２超または－２未満）（タイプ別（やせおよび肥満））
2.3	2030年までに、土地、その他の生産資源や、投入財、知識、金融サービス、市場および高付加価値化や非農業雇用の機会への確実かつ平等なアクセスの確保などを通じて、女性、先住民、家族農家、牧畜民および漁業者をはじめとする小規模食料生産者の農業生産性および所得を倍増させる。	2.3.1	農業／牧畜／林業企業規模の分類ごとの労働単位あたり生産額
		2.3.2	小規模食料生産者の平均的な収入（性別、先住民・非先住民の別）
2.4	2030年までに、生産性を向上させ、生産量を増やし、生態系を維持し、気候変動や極端な気象現象、干ばつ、洪水およびその他の災害に対する適応能力を向上させ、漸進的に土地と土壌の質を改善させるような、持続可能な食料生産システムを確保し、強靭（レジリエント）な農業を実践する。	2.4.1	生産的で持続可能な農業の下に行なわれる農業地域の割合

2.5	2020年までに、国、地域および国際レベルで適正に管理および多様化された種子・植物バンクなども通じて、種子、栽培植物、飼育・家畜化された動物およびこれらの近縁野生種の遺伝的多様性を維持し、国際的合意にもとづき、遺伝資源およびこれに関連する伝統的な知識へのアクセスおよびその利用から生じる利益の公正かつ衡平な配分を促進する。	2.5.1	中期または長期保存施設に保存されている食料および農業のための植物および動物の遺伝資源の数
		2.5.2	絶滅の危機にある、絶滅の危機にはない、または、不明というレベルごとに分類された在来種の割合
2.a	開発途上国、特に後発開発途上国における農業生産能力向上のために、国際協力の強化などを通じて、農村インフラ、農業研究・普及サービス、技術開発および植物・家畜のジーン・バンクへの投資の拡大を図る。	2.a.1	政府支出における農業指向指数
		2.a.2	農業部門への公的支援の全体的な流れ（ODAおよび他の公的支援の流れ）
2.b	ドーハ開発ラウンドのマンデートに従い、すべての農産物輸出補助金および同等の効果を持つすべての輸出措置の同時撤廃などを通じて、世界の市場における貿易制限や歪みを是正および防止する。	2.b.1	農業輸出補助金
2.c	食料価格の極端な変動に歯止めをかけるため、食料市場およびデリバティブ市場の適正な機能を確保するための措置を講じ、食料備蓄などの市場情報への適時のアクセスを容易にする。	2.c.1	食料価格の変動指数（IFPA）

Goal 3	あらゆる年齢のすべての人々の健康的な生活を確保し、福祉を促進する		
ターゲット		指　標	
3.1	2030年までに、世界の妊産婦の死亡率を出生10万人当たり70人未満に削減する。	3.1.1	妊産婦死亡率
		3.1.2	専門技能者の立ち会いの下での出産の割合

3.2	すべての国が新生児死亡率を少なくとも出生1,000件中12件以下まで減らし、５歳以下死亡率を少なくとも出生1,000件中25件以下まで減らすことをめざし、2030年までに、新生児および５歳未満児の予防可能な死亡を根絶する。	3.2.1	５歳未満児死亡率
		3.2.2	新生児死亡率
3.3	2030年までに、エイズ、結核、マラリアおよび顧みられない熱帯病といった伝染病を根絶するとともに肝炎、水系感染症およびその他の感染症に対処する。	3.3.1	非感染者1,000人当たりの新規HIV感染者数（性別、年齢および主要層別）
		3.3.2	10万人当たりの結核感染者数
		3.3.3	1,000人当たりのマラリア感染者数
		3.3.4	10万人当たりのＢ型肝炎感染者数
		3.3.5	「顧みられない熱帯病」（NTDs）に対して介入を必要としている人々の数
3.4	2030年までに、非感染性疾患による若年死亡率を、予防や治療を通じて３分の１減少させ、精神保健および福祉を促進する。	3.4.1	心血管疾患、癌、糖尿病、または慢性の呼吸器系疾患の死亡率
		3.4.2	自殺率
3.5	薬物乱用やアルコールの有害な摂取を含む、物質乱用の防止・治療を強化する。	3.5.1	物質使用障害に対する治療介入（薬理学的、心理社会的、リハビリおよびアフターケア・サービス）の適用範囲
		3.5.2	１年間（暦年）の純アルコール量における、（15歳以上の）１人当たりのアルコール消費量に対しての各国の状況に応じ定義されたアルコールの有害な使用（ℓ）
3.6	2020年までに、世界の道路交通事故による死傷者を半減させる。	3.6.1	道路交通事故による死亡率
3.7	2030年までに、家族計画、情報・教育および性と生殖に関する健康の国家戦略・計画への組	3.7.1	近代的手法によって、家族計画についての自らの要望が満たされている出産可能年齢（15～49

	入れを含む、性と生殖に関する保健サービスをすべての人々が利用できるようにする。		歳）にある女性の割合
		3.7.2	女性1,000人当たりの青年期（10～14歳；15～19歳）の出生率
3.8	すべての人々に対する財政リスクからの保護、質の高い基礎的な保健サービスへのアクセスおよび安全で効果的かつ質が高く安価な必須医薬品とワクチンへのアクセスを含む、ユニバーサル・ヘルス・カバレッジ（UHC）を達成する。	3.8.1	必要不可欠な保健サービスのカバー率（一般および最も不利な立場の人々についての、生殖、妊婦、新生児および子供の健康、感染性疾患、非感染性疾患、サービス能力とアクセスを含む追跡可能な介入をもとにした必要不可欠なサービスの平均的なカバー率と定義）
		3.8.2	家計の支出または所得に占める健康関連支出が大きい人口の割合
3.9	2030年までに、有害化学物質、ならびに大気、水質および土壌の汚染による死亡および疾病の件数を大幅に減少させる。	3.9.1	家庭内および外部の大気汚染による死亡率
		3.9.2	（安全ではないWASH（基本的な水と衛生）にさらされていること）による死亡率
		3.9.3	意図的ではない汚染による死亡率
3.a	すべての国々において、たばこの規制に関する世界保健機関枠組条約の実施を適宜強化する。	3.a.1	15歳以上の現在の喫煙率（年齢調整されたもの）
3.b	主に開発途上国に影響を及ぼす感染性および非感染性疾患のワクチンおよび医薬品の研究開発を支援する。また、知的所有権の貿易関連の側面に関する協定（TRIPS協定）および公衆の健康に関するドーハ宣言に従い、安価な必須医薬品およびワクチンへのアクセスを提供する。同宣言は公衆衛生保護および、特にすべての人々への医薬品のアクセス提供にかかわる「知的所有権の貿易関連の側面に関する協定（TRIPS協定）」の柔軟性に関する規定を最大限に行使す	3.b.1	各国の国家計画に含まれるすべてのワクチンによってカバーされている対象人口の割合
		3.b.2	薬学研究や基礎的保健部門への純ODAの合計値
		3.b.3	持続可能な水準で、関連必須医薬品コアセットが入手可能かつその価格が手頃である保健施設の割合

	る開発途上国の権利を確約したものである。		
3.c	開発途上国、特に後発開発途上国および小島嶼開発途上国において保健財政および保健人材の採用、能力開発・訓練および定着を大幅に拡大させる。	3.c.1	医療従事者の密度と分布
3.d	すべての国々、特に開発途上国の国家・世界規模な健康危険因子の早期警告、危険因子緩和および危険因子管理のための能力を強化する。	3.d.1	国際保健規則（IHR）キャパシティと健康危機への備え

Goal 4	すべての人々への包摂的かつ公正な質の高い教育を提供し、生涯学習の機会を促進する		
ターゲット		指　　標	
4.1	2030年までに、すべての子供が男女の区別なく、適切かつ効果的な学習成果をもたらす、無償かつ公正で質の高い初等教育および中等教育を修了できるようにする。	4.1.1	(i)読解力、(ii)算数について、最低限の習熟度に達している次の子供や若者の割合（性別ごと）(a)２～３学年時、(b)小学校修了時、(c)中学校修了時
4.2	2030年までに、すべての子供が男女の区別なく、質の高い乳幼児の発達・ケアおよび就学前教育にアクセスすることにより、初等教育を受ける準備が整うようにする。	4.2.1	健康、学習および心理社会的な幸福について、順調に発育している５歳未満の子供の割合（性別ごと）
		4.2.2	（小学校に入学する年齢より１年前の時点で）体系的な学習に参加している者の割合（性別ごと）
4.3	2030年までに、すべての人々が男女の区別なく、手の届く質の高い技術教育・職業教育および大学を含む高等教育への平等なアクセスを得られるようにする。	4.3.1	過去12か月に学校教育や学校教育以外の教育に参加している若者または成人の割合（性別ごと）
4.4	2030年までに、技術的・職業的スキルなど、雇用、働きがいのある人間らしい仕事および起業に必要な技能を備えた若者と成人の割合を大幅に増加させる。	4.4.1	ICTスキルを有する若者や成人の割合（スキルのタイプ別）

4.5	2030年までに、教育におけるジェンダー格差をなくし、障害者、先住民および脆弱な立場にある子供など、脆弱層があらゆるレベルの教育や職業訓練に平等にアクセスできるようにする。	4.5.1	詳細集計可能な、本リストに記載されたすべての教育指数のための、パリティ指数（女性／男性、地方／都市、富の五分位数の底／トップ、またその他に、障害状況、先住民、紛争の影響を受けた者等の利用可能なデータ）
4.6	2030年までに、すべての若者および大多数（男女ともに）の成人が、読み書き能力および基本的計算能力を身につけられるようにする。	4.6.1	実用的な(a)読み書き能力、(b)基本的計算能力において、少なくとも決まったレベルを達成した所定の年齢層の人口割合（性別ごと）
4.7	2030年までに、持続可能な開発のための教育および持続可能なライフスタイル、人権、男女の平等、平和および非暴力的文化の推進、グローバル・シチズンシップ、文化多様性と文化の持続可能な開発への貢献の理解の教育を通して、すべての学習者が、持続可能な開発を促進するために必要な知識および技能を習得できるようにする。	4.7.1	ジェンダー平等および人権を含む、(i)地球市民教育、および(ii)持続可能な開発のための教育が、(a)各国の教育政策、(b)カリキュラム、(c)教師の教育、および(d)児童・生徒・学生の達成度評価に関して、すべての教育段階において主流化されているレベル
4.a	子供、障害およびジェンダーに配慮した教育施設を構築・改良し、すべての人々に安全で非暴力的、包摂的、効果的な学習環境を提供できるようにする。	4.a.1	以下の設備等が利用可能な学校の割合 (a)電気、(b)教育を目的としたインターネット、(c)教育を目的としたコンピュータ、(d)障害を持っている学生のための適切な設備・教材、(e)基本的な飲料水、(f)男女別の基本的なトイレ、(g)基本的な手洗い施設（WASH指標の定義別）
4.b	2020年までに、開発途上国、特に後発開発途上国および小島嶼開発途上国、ならびにアフリカ諸国を対象とした、職業訓練、情報通信技術（ICT）、技術・工学・科学プログラムなど、先進国およびその他の開発途上国に	4.b.1	奨学金のためのODAフローの量（部門と研究タイプ別）

	おける高等教育の奨学金の件数を全世界で大幅に増加させる。		
4.c	2030年までに、開発途上国、特に後発開発途上国および小島嶼開発途上国における教員研修のための国際協力などを通じて、質の高い教員の数を大幅に増加させる。	4.c.1	各国における適切なレベルでの教育を行なうために、最低限制度化された養成研修あるいは現職研修（例：教授法研修）を受けた(a)就学前教育、(b)初等教育、(c)前期中等教育、(d)後期中等教育に従事する教員の割合

Goal 5	ジェンダー平等を達成し、すべての女性および女児の能力強化を行なう		
ターゲット		指標	
5.1	あらゆる場所におけるすべての女性および女児に対するあらゆる形態の差別を撤廃する。	5.1.1	性別にもとづく平等と差別撤廃を促進、実施およびモニターするための法律の枠組みが制定されているかどうか
5.2	人身売買や性的、その他の種類の搾取など、すべての女性および女児に対する、公共・私的空間におけるあらゆる形態の暴力を排除する。	5.2.1	これまでにパートナーを得た15歳以上の女性や少女のうち、過去12か月以内に、現在、または以前の親密なパートナーから身体的、性的、精神的暴力を受けた者の割合（暴力の形態、年齢別）
		5.2.2	過去12か月以内に、親密なパートナー以外の人から性的暴力を受けた15歳以上の女性や少女の割合（年齢、発生場所別）
5.3	未成年者の結婚、早期結婚、強制結婚および女性器切除など、あらゆる有害な慣行を撤廃する。	5.3.1	15歳未満、18歳未満で結婚またはパートナーを得た20～24歳の女性の割合
		5.3.2	女性性器切除を受けた15歳～49歳の少女や女性の割合（年齢別）
5.4	公共のサービス、インフラおよび社会保障政策の提供、ならびに各国の状況に応じた世帯・家族内における責任分担を通じて、無報酬の育児・介護や家事労働を認識・評価する。	5.4.1	無償の家事・ケア労働に費やす時間の割合（性別、年齢、場所別）

5.5	政治、経済、公共分野でのあらゆるレベルの意思決定において、完全かつ効果的な女性の参画および平等なリーダーシップの機会を確保する。	5.5.1	国会および地方議会において女性が占める議席の割合
		5.5.2	管理職に占める女性の割合
5.6	国際人口・開発会議（ICPD）の行動計画および北京行動綱領、ならびにこれらの検証会議の成果文書に従い、性と生殖に関する健康および権利への普遍的アクセスを確保する。	5.6.1	性的関係、避妊、リプロダクティブ・ヘルスケアについて、自分で意思決定を行なうことのできる15歳～49歳の女性の割合
		5.6.2	15歳以上の女性および男性に対し、セクシュアル／リプロダクティブ・ヘルスケア、情報、教育を保障する法律や規定を有する国の数
5.a	女性に対し、経済的資源に対する同等の権利、ならびに各国法に従い、オーナーシップおよび土地その他の財産、金融サービス、相続財産、天然資源に対するアクセスを与えるための改革に着手する。	5.a.1	(a)農地への所有権または保障された権利を有する総農業人口の割合（性別ごと） (b)農地所有者または権利者における女性の割合（所有条件別）
		5.a.2	土地所有および／または管理に関する女性の平等な権利を保障している法的枠組（慣習法を含む）を有する国の割合
5.b	女性の能力強化促進のため、ICTをはじめとする実現技術の活用を強化する。	5.b.1	携帯電話を所有する個人の割合（性別ごと）
5.c	ジェンダー平等の促進、ならびにすべての女性および女子のあらゆるレベルでの能力強化のための適正な政策および拘束力のある法規を導入・強化する。	5.c.1	ジェンダー平等および女性のエンパワーメントのための公的資金を監視、配分するシステムを有する国の割合

Goal 6	すべての人々の水と衛生の利用可能性と持続可能な管理を確保する		
ターゲット		指　標	
6.1	2030年までに、すべての人々の、安全で安価な飲料水の普遍的かつ衡平なアクセスを達成する。	6.1.1	安全に管理された飲料水サービスを利用する人口の割合
6.2	2030年までに、すべての人々の、適切かつ平等な下水施設・衛生	6.2.1	(a)安全に管理された公衆衛生サービスを利用する人口の割合

	施設へのアクセスを達成し、野外での排泄をなくす。女性および女児、ならびに脆弱な立場にある人々のニーズに特に注意を払う。		(b)石けんや水のある手洗い場を利用する人口の割合
6.3	2030年までに、汚染の減少、投棄の廃絶と有害な化学物・物質の放出の最小化、未処理の排水の割合半減および再生利用と安全な再利用の世界的規模で大幅に増加させることにより、水質を改善する。	6.3.1	安全に処理された排水の割合
		6.3.2	良好な水質を持つ水域の割合
6.4	2030年までに、全セクターにおいて水利用の効率を大幅に改善し、淡水の持続可能な採取および供給を確保し水不足に対処するとともに、水不足に悩む人々の数を大幅に減少させる。	6.4.1	水の利用効率の経時変化
		6.4.2	水ストレスレベル：淡水資源量に占める淡水採取量の割合
6.5	2030年までに、国境を越えた適切な協力を含む、あらゆるレベルでの統合水資源管理を実施する。	6.5.1	統合水資源管理（IWRM）実施の度合い（0-100）
		6.5.2	水資源協力のための運営協定がある越境流域の割合
6.6	2020年までに、山地、森林、湿地、河川、帯水層、湖沼を含む水に関連する生態系の保護・回復を行なう。	6.6.1	水関連生態系範囲の経時変化
6.a	2030年までに、集水、海水淡水化、水の効率的利用、排水処理、リサイクル・再利用技術を含む開発途上国における水と衛生分野での活動と計画を対象とした国際協力と能力構築支援を拡大する。	6.a.1	政府調整支出計画の一部である上下水道関連のODAの総量
6.b	水と衛生に関わる分野の管理向上における地域コミュニティの参加を支援・強化する。	6.b.1	上下水道管理への地方コミュニティの参加のために制定し、運営されている政策および手続きのある地方公共団体の割合

Goal 7	すべての人々の、安価かつ信頼できる持続可能な近代的エネルギーへのアクセスを確保する		
ターゲット		指　標	
7.1	2030年までに、安価かつ信頼できる現代的エネルギーサービスへの普遍的アクセスを確保する。	7.1.1	電気を受電可能な人口比率
		7.1.2	家屋の空気を汚さない燃料や技術に依存している人口比率
7.2	2030年までに、世界のエネルギーミックスにおける再生可能エネルギーの割合を大幅に拡大させる。	7.2.1	最終エネルギー消費量に占める再生可能エネルギー比率
7.3	2030年までに、世界全体のエネルギー効率の改善率を倍増させる。	7.3.1	エネルギー強度（GDP当たりの一次エネルギー）
7.a	2030年までに、再生可能エネルギー、エネルギー効率および先進的かつ環境負荷の低い化石燃料技術などのクリーンエネルギーの研究および技術へのアクセスを促進するための国際協力を強化し、エネルギー関連インフラとクリーンエネルギー技術への投資を促進する。	7.a.1	クリーンなエネルギー研究および開発と、ハイブリッドシステムに含まれる再生可能エネルギー生成への支援に関する発展途上国に対する国際金融フロー
7.b	2030年までに、各々の支援プログラムに沿って開発途上国、特に後発開発途上国および小島嶼開発途上国、内陸開発途上国のすべての人々に現代的で持続可能なエネルギーサービスを供給できるよう、インフラ拡大と技術向上を行なう。	7.b.1	持続可能なサービスへのインフラや技術のための財源移行におけるGDPに占めるエネルギー効率への投資（%）および海外直接投資の総量

Goal 8	包摂的かつ持続可能な経済成長およびすべての人々の完全かつ生産的な雇用と働きがいのある人間らしい雇用（ディーセント・ワーク）を促進する		
ターゲット		指　標	
8.1	各国の状況に応じて、一人当たり経済成長率を持続させる。特に後発開発途上国は少なくとも年率７%の成長率を保つ。	8.1.1	一人当たりの実質GDPの年間成長率

8.2	高付加価値セクターや労働集約型セクターに重点を置くことなどにより、多様化、技術向上およびイノベーションを通じた高いレベルの経済生産性を達成する。	8.2.1	就業者一人当たりの実質GDPの年間成長率
8.3	生産活動や適切な雇用創出、起業、創造性およびイノベーションを支援する開発重視型の政策を促進するとともに、金融サービスへのアクセス改善などを通じて中小零細企業の設立や成長を奨励する。	8.3.1	農業以外におけるインフォーマル雇用の割合（性別ごと）
8.4	2030年までに、世界の消費と生産における資源効率を漸進的に改善させ、先進国主導の下、持続可能な消費と生産に関する10年計画枠組みに従い、経済成長と環境悪化の分断を図る。	8.4.1	マテリアルフットプリント（MF）、一人当たりMFおよびGDP当たりのMF （指標12.2.1と同一指標）
		8.4.2	天然資源等消費量（DMC）、一人当たりのDMCおよびGDP当たりのDMC （指標12.2.2と同一指標）
8.5	2030年までに、若者や障害者を含むすべての男性および女性の、完全かつ生産的な雇用および働きがいのある人間らしい仕事、ならびに同一労働同一賃金を達成する。	8.5.1	女性および男性労働者の平均時給（職業、年齢、障害者別）
		8.5.2	失業率（性別、年齢、障害者別）
8.6	2020年までに、就労、就学および職業訓練のいずれも行なっていない若者の割合を大幅に減らす。	8.6.1	就労、就学および職業訓練のいずれも行なっていない15～24歳の若者の割合
8.7	強制労働を根絶し、現代の奴隷制、人身売買を終わらせるための緊急かつ効果的な措置の実施、最悪な形態の児童労働の禁止および撲滅を確保する。2025年までに児童兵士の募集と使用を含むあらゆる形態の児童労働を撲滅する。	8.7.1	児童労働者（５～17歳）の割合と数（性別、年齢別）

8.8	移住労働者、特に女性の移住労働者や不安定な雇用状態にある労働者など、すべての労働者の権利を保護し、安全・安心な労働環境を促進する。	8.8.1	致命的および非致命的な労働災害の発生率（性別、移住状況別）
		8.8.2	国際労働機関（ILO）原文ソースおよび国内の法律にもとづく、労働権利（結社および団体交渉の自由）における国内コンプライアンスのレベル（性別、移住状況別）
8.9	2030年までに、雇用創出、地方の文化振興・産品販促につながる持続可能な観光業を促進するための政策を立案し実施する。	8.9.1	全GDPおよびGDP成長率に占める割合としての観光業の直接GDP
		8.9.2	全観光業における従業員数に占める持続可能な観光業の従業員数の割合
8.10	国内の金融機関の能力を強化し、すべての人々の銀行取引、保険および金融サービスへのアクセスを促進・拡大する。	8.10.1	成人10万人当たりの商業銀行の支店数およびATM数
		8.10.2	銀行や他の金融機関に口座を持つ、またはモバイルマネーサービスを利用する成人（15歳以上）の割合
8.a	後発開発途上国への貿易関連技術支援のための拡大統合フレームワーク（EIF）などを通じた支援を含む、開発途上国、特に後発開発途上国に対する貿易のための援助を拡大する。	8.a.1	貿易のための援助に対するコミットメントや支出
8.b	2020年までに、若年雇用のための世界的戦略および国際労働機関（ILO）の仕事に関する世界協定の実施を展開・運用化する。	8.b.1	国家雇用戦略とは別途あるいはその一部として開発され運用されている若年雇用のための国家戦略の有無

Goal 9	強靱（レジリエント）なインフラ構築、包摂的かつ持続可能な産業化の促進およびイノベーションの推進を図る		
ターゲット		指　標	
9.1	すべての人々に安価で公平なアクセスに重点を置いた経済発展と人間の福祉を支援するために、地域・越境インフラを含む質の高い、信頼でき、持続可能かつ	9.1.1	全季節利用可能な道路の2km圏内に住んでいる地方の人口の割合
		9.1.2	旅客と貨物量（交通手段別）

	強靱（レジリエント）なインフラを開発する。		
9.2	包摂的かつ持続可能な産業化を促進し、2030年までに各国の状況に応じて雇用およびGDPに占める産業セクターの割合を大幅に増加させる。後発開発途上国については同割合を倍増させる。	9.2.1	GDPに占める製造業付加価値の割合および一人当たり製造業付加価値
		9.2.2	全産業就業者数に占める製造業就業者数の割合
9.3	特に開発途上国における小規模の製造業その他の企業の、安価な資金貸付などの金融サービスやバリューチェーンおよび市場への統合へのアクセスを拡大する。	9.3.1	産業の合計付加価値のうち小規模産業の占める割合
		9.3.2	ローンまたは与信枠が設定された小規模製造業の割合
9.4	2030年までに、資源利用効率の向上とクリーン技術および環境に配慮した技術・産業プロセスの導入拡大を通じたインフラ改良や産業改善により、持続可能性を向上させる。すべての国々は各国の能力に応じた取組みを行なう。	9.4.1	付加価値の単位当たりのCO_2排出量
9.5	2030年までにイノベーションを促進させることや100万人当たりの研究開発従事者数を大幅に増加させ、また官民研究開発の支出を拡大させるなど、開発途上国をはじめとするすべての国々の産業セクターにおける科学研究を促進し、技術能力を向上させる。	9.5.1	GDPに占める研究開発への支出
		9.5.2	100万人当たりの研究者（フルタイム相当）
9.a	アフリカ諸国、後発開発途上国、内陸開発途上国および小島嶼開発途上国への金融・テクノロジー・技術の支援強化を通じて、開発途上国における持続可能かつ強靱（レジリエント）なインフラ開発を促進する。	9.a.1	インフラへの公的国際支援の総額（ODAその他公的フロー）

9.b	産業の多様化や商品への付加価値創造などに資する政策環境の確保などを通じて、開発途上国の国内における技術開発、研究およびイノベーションを支援する。	9.b.1	全付加価値における中位ならびに先端テクノロジー産業の付加価値の割合
9.c	後発開発途上国において情報通信技術へのアクセスを大幅に向上させ、2020年までに普遍的かつ安価なインターネットアクセスを提供できるよう図る。	9.c.1	モバイルネットワークにアクセス可能な人口の割合（技術別）

Goal10	各国内および各国間の不平等を是正する		
ターゲット		指　標	
10.1	2030年までに、各国の所得下位40％の所得成長率について、国内平均を上回る数値を漸進的に達成し、持続させる。	10.1.1	1人当たりの家計支出または所得の成長率（人口の下位40％のもの、総人口のもの）
10.2	2030年までに、年齢、性別、障害、人種、民族、出自、宗教、あるいは経済的地位その他の状況に関わりなく、すべての人々の能力強化および社会的、経済的および政治的な包含を促進する。	10.2.1	中位所得の半分未満で生活する人口の割合（年齢、性別、障害者別）
10.3	差別的な法律、政策および慣行の撤廃、ならびに適切な関連法規、政策、行動の促進などを通じて、機会均等を確保し、成果の不平等を是正する。	10.3.1	国際人権法の下で禁止されている差別の理由において、過去12か月の間に差別または嫌がらせを個人的に感じたと報告した人口の割合
10.4	税制、賃金、社会保障政策をはじめとする政策を導入し、平等の拡大を漸進的に達成する。	10.4.1	賃金および社会保障給付からなるGDP労働分配率
10.5	世界金融市場と金融機関に対する規制とモニタリングを改善し、こうした規制の実施を強化する。	10.5.1	金融健全性指標
10.6	地球規模の国際経済・金融制度の意思決定における開発途上国の参加や発言力を拡大させるこ	10.6.1	国際機関における開発途上国のメンバー数および投票権の割合（指標16.8.1と同一指標）

	とにより、より効果的で信用力があり、説明責任のある正当な制度を実現する。		
10.7	計画にもとづきよく管理された移民政策の実施などを通じて、秩序のとれた、安全で規則的かつ責任ある移住や流動性を促進する。	10.7.1	従業者が移住先の国で稼いだ月収に占める、その従業者が移住先の国で仕事を探すに当たって（自ら）負担した費用の割合
		10.7.2	秩序のとれた、安全で規則的かつ責任ある移住や流動性を促進する移住政策を持つ国の数
10.a	世界貿易機関（WTO）協定に従い、開発途上国、特に後発開発途上国に対する特別かつ異なる待遇の原則を実施する。	10.a.1	後発開発途上国や開発途上国からの輸入品に適用されるゼロ関税の関税分類品目（タリフライン）の割合
10.b	各国の国家計画やプログラムに従って、後発開発途上国、アフリカ諸国、小島嶼開発途上国および内陸開発途上国を始めとする、ニーズが最も大きい国々への、政府開発援助（ODA）および海外直接投資を含む資金の流入を促進する。	10.b.1	開発のためのリソースフローの総額（受援国および援助国、フローの流れ（例：ODA、外国直接投資、その他）別）
10.c	2030年までに、移住労働者による送金コストを３％未満に引き下げ、コストが５％を超える送金経路を撤廃する。	10.c.1	総送金額の割合に占める送金コスト

Goal11	包摂的で安全かつ強靭（レジリエント）で持続可能な都市および人間居住を実現する		
	ターゲット		指　標
11.1	2030年までに、すべての人々の、適切、安全かつ安価な住宅および基本的サービスへのアクセスを確保し、スラムを改善する。	11.1.1	スラム、インフォーマルな居住地および不適切な住宅に居住する都市人口の割合
11.2	2030年までに、脆弱な立場にある人々、女性、子供、障害者および高齢者のニーズに特に配慮し、公共交通機関の拡大などを通じた交通の安全性改善により、	11.2.1	公共交通機関へ容易にアクセスできる人口の割合（性別、年齢、障害者別）

	すべての人々に、安全かつ安価で容易に利用できる、持続可能な輸送システムへのアクセスを提供する。		
11.3	2030年までに、包摂的かつ持続可能な都市化を促進し、すべての国々の参加型、包摂的かつ持続可能な人間居住計画・管理の能力を強化する。	11.3.1	人口増加率と土地利用率の比率
		11.3.2	定期的かつ民主的に運営されている都市計画および管理に、市民社会が直接参加するしくみがある都市の割合
11.4	世界の文化遺産および自然遺産の保護・保全の努力を強化する。	11.4.1	すべての文化および自然遺産の保全、保護および保存における総支出額（公的部門、民間部門）（遺産のタイプ別（文化、自然、混合、世界遺産に登録されているもの）、政府レベル別（国、地域、地方、市）、支出タイプ別（営業費、投資）、民間資金のタイプ別（寄付、非営利部門、後援））
11.5	2030年までに、貧困層および脆弱な立場にある人々の保護に焦点をあてながら、水関連災害などの災害による死者や被災者数を大幅に削減し、世界の国内総生産比で直接的経済損失を大幅に減らす。	11.5.1	10万人当たりの災害による死者数、行方不明者数、直接的負傷者数 （指標1.5.1および13.1.1と同一指標）
		11.5.2	災害によって起こった、グローバルなGDPに関連した直接経済損失、重要インフラへの被害および基本サービスの途絶件数
11.6	2030年までに、大気の質および一般ならびにその他の廃棄物の管理に特別な注意を払うことによるものを含め、都市の一人当たりの環境上の悪影響を軽減する。	11.6.1	都市で生み出された固形廃棄物の総量のうち、定期的に収集され適切に最終処理されたものの割合（都市別）
		11.6.2	都市部における微粒子物質 （例：PM2.5やPM10）の年平均レベル（人口で加重平均したもの）
11.7	2030年までに、女性、子供、高齢者および障害者を含め、人々に安全で包摂的かつ利用が容易	11.7.1	各都市部の建物密集区域における公共スペースの割合の平均（性別、年齢、障害者別）

	な緑地や公共スペースへの普遍的アクセスを提供する。	11.7.2	過去12か月における身体的または性的ハラスメントの犠牲者の割合（性別、年齢、障害状況、発生場所別）
11.a	各国・地域規模の開発計画の強化を通じて、経済、社会、環境面における都市部、都市周辺部および農村部間の良好なつながりを支援する	11.a.1	人口予測とリソース需要について取りまとめながら都市および地域開発計画を実行している都市に住んでいる人口の割合（都市の規模別）
11.b	2020年までに、包含、資源効率、気候変動の緩和と適応、災害に対する強靱さ（レジリエンス）をめざす総合的政策および計画を導入・実施した都市および人間居住地の件数を大幅に増加させ、仙台防災枠組2015-2030に沿って、あらゆるレベルでの総合的な災害リスク管理の策定と実施を行なう。	11.b.1	仙台防災枠組み2015-2030に沿った国家レベルの防災戦略を採択し実行している国の数 （指標1.5.3および13.1.2と同一指標）
		11.b.2	国家防災戦略に沿った地方レベルの防災戦略を採択し実行している地方政府の割合 （指標1.5.4および13.1.3と同一指標）
11.c	財政的および技術的な支援などを通じて、後発開発途上国における現地の資材を用いた、持続可能かつ強靱（レジリエント）な建造物の整備を支援する。	11.c.1	現地の資材を用いた、持続可能で強靱（レジリエント）で資源効率的である建造物の建設および改築に割り当てられた後発開発途上国への財政援助の割合

Goal12	持続可能な生産消費形態を確保する		
ターゲット		指　標	
12.1	開発途上国の開発状況や能力を勘案しつつ、持続可能な消費と生産に関する10年計画枠組み（10YFP）を実施し、先進国主導の下、すべての国々が対策を講じる。	12.1.1	持続可能な消費と生産（SCP）に関する国家行動計画を持っている、または国家政策に優先事項もしくはターゲットとしてSCPが組み込まれている国の数
12.2	2030年までに天然資源の持続可能な管理および効率的な利用を達成する。	12.2.1	マテリアルフットプリント（MF）、一人当たりMFおよびGDP当たりのMF （指標8.4.1と同一指標）
		12.2.2	天然資源等消費量（DMC）、一

			人当たりのDMCおよびGDP当たりのDMC （指標8.4.2と同一指標）
12.3	2030年までに小売・消費レベルにおける世界全体の一人当たりの食料の廃棄を半減させ、収穫後損失などの生産・サプライチェーンにおける食品ロスを減少させる。	12.3.1	a）食料損耗指数、および b）食料廃棄指数
12.4	2020年までに、合意された国際的な枠組みに従い、製品ライフサイクルを通じ、環境上適正な化学物質やすべての廃棄物の管理を実現し、人の健康や環境への悪影響を最小化するため、化学物質や廃棄物の大気、水、土壌への放出を大幅に削減する。	12.4.1	有害廃棄物や他の化学物質に関する国際多国間環境協定で求められる情報の提供（報告）の義務を果たしている締約国の数
		12.4.2	有害廃棄物の1人当たり発生量、処理された有害廃棄物の割合（処理手法ごと）
12.5	2030年までに、廃棄物の発生防止、削減、再生利用および再利用により、廃棄物の発生を大幅に削減する。	12.5.1	各国の再生利用率、リサイクルされた物質のトン数
12.6	特に大企業や多国籍企業などの企業に対し、持続可能な取組みを導入し、持続可能性に関する情報を定期報告に盛り込むよう奨励する。	12.6.1	持続可能性に関する報告書を発行する企業の数
12.7	国内の政策や優先事項に従って持続可能な公共調達の慣行を促進する。	12.7.1	持続可能な公的調達政策および行動計画を実施している国の数
12.8	2030年までに、人々があらゆる場所において、持続可能な開発および自然と調和したライフスタイルに関する情報と意識を持つようにする。	12.8.1	気候変動教育を含む、(i)地球市民教育、および(ii)持続可能な開発のための教育が、(a)各国の教育政策、(b)カリキュラム、(c)教師の教育、および(d)児童・生徒・学生の達成度評価に関して、すべての教育段階において主流化されているレベル
12.a	開発途上国に対し、より持続可能な消費・生産形態の促進のた	12.a.1	持続可能な消費、生産形態および環境に配慮した技術のための

	めの科学的・技術的能力の強化を支援する。		研究開発に係る開発途上国への支援総計
12.b	雇用創出、地方の文化振興・産品販促につながる持続可能な観光業に対して持続可能な開発がもたらす影響を測定する手法を開発・導入する。	12.b.1	承認された評価監視ツールのある持続可能な観光戦略や政策、実施された行動計画の数
12.c	開発途上国の特別なニーズや状況を十分考慮し、貧困層やコミュニティを保護する形で開発に関する悪影響を最小限に留めつつ、税制改正や、有害な補助金が存在する場合はその環境への影響を考慮してその段階的廃止などを通じ、各国の状況に応じて、市場のひずみを除去することで、浪費的な消費を奨励する、化石燃料に対する非効率な補助金を合理化する。	12.c.1	GDP（生産および消費）の単位当たりおよび化石燃料の国家支出総額に占める化石燃料補助金

Goal13	気候変動およびその影響を軽減するための緊急対策を講じる		
ターゲット		指　標	
13.1	すべての国々において、気候関連災害や自然災害に対する強靱性（レジリエンス）および適応の能力を強化する。	13.1.1	10万人当たりの災害による死者数、行方不明者数、直接的負傷者数 （指標1.5.1および11.5.1と同一指標）
		13.1.2	仙台防災枠組み2015-2030に沿った国家レベルの防災戦略を採択し実行している国の数 （指標1.5.3および11.b.1と同一指標）
		13.1.3	国家防災戦略に沿った地方レベルの防災戦略を採択し実行している地方政府の割合 （指標1.5.4および11.b.2と同一指標）
13.2	気候変動対策を国別の政策、戦略および計画に盛り込む。	13.2.1	気候変動の悪影響に適応し、食料生産を脅かさない方法で、気

			候強靱性や温室効果ガスの低排出型の発展を促進するための能力を増加させる統合的な政策／戦略／計画（国の適応計画、国が決定する貢献、国別報告書、隔年更新報告書その他を含む）の確立または運用を報告している国の数
13.3	気候変動の緩和、適応、影響軽減および早期警戒に関する教育、啓発、人的能力および制度機能を改善する。	13.3.1	緩和、適応、影響軽減および早期警戒を、初等、中等および高等教育のカリキュラムに組み込んでいる国の数
		13.3.2	適応、緩和および技術移転を実施するための制度上、システム上、および個々人における能力構築の強化や開発行動を報告している国の数
13.a	重要な緩和行動の実施とその実施における透明性確保に関する開発途上国のニーズに対応するため、2020年までにあらゆる供給源から年間1,000億ドルを共同で動員するという、UNFCCCの先進締約国によるコミットメントを実施するとともに、可能な限り速やかに資本を投入して緑の気候基金を本格始動させる。	13.a.1	2020-2025年の間に1,000億USドルコミットメントを実現するために必要となる1年当たりに投資される総USドル
13.b	後発開発途上国および小島嶼開発途上国において、女性や青年、地方および社会的に疎外されたコミュニティに焦点を当てることを含め、気候変動関連の効果的な計画策定と管理のための能力を向上するメカニズムを推進する。	13.b.1	女性や青年、地方および社会的に疎外されたコミュニティに焦点を当てることを含め、気候変動関連の効果的な計画策定と管理のための能力を向上させるメカニズムのために、専門的なサポートを受けている後発開発途上国や小島嶼開発途上国の数および財政、技術、能力構築を含む支援総額

Goal14	持続可能な開発のために海洋・海洋資源を保全し、持続可能な形で利用する		
ターゲット		指　標	
14.1	2025年までに、海洋ごみや富栄養化を含む、特に陸上活動による汚染など、あらゆる種類の海洋汚染を防止し、大幅に削減する。	14.1.1	沿岸富栄養化指数（ICEP）および浮遊プラスチックごみの密度
14.2	2020年までに、海洋および沿岸の生態系に関する重大な悪影響を回避するため、強靱性（レジリエンス）の強化などによる持続的な管理と保護を行ない、健全で生産的な海洋を実現するため、海洋および沿岸の生態系の回復のための取組みを行なう。	14.2.1	生態系を基盤として活用するアプローチにより管理された各国の排他的経済水域の割合
14.3	あらゆるレベルでの科学的協力の促進などを通じて、海洋酸性化の影響を最小限化し、対処する。	14.3.1	承認された代表標本抽出地点で測定された海洋酸性度（pH）の平均値
14.4	水産資源を、実現可能な最短期間で少なくとも各資源の生物学的特性によって定められる最大持続生産量のレベルまで回復させるため、2020年までに、漁獲を効果的に規制し、過剰漁業や違法・無報告・無規制（IUU）漁業および破壊的な漁業慣行を終了し、科学的な管理計画を実施する。	14.4.1	生物学的に持続可能なレベルの水産資源の割合
14.5	2020年までに、国内法および国際法に則り、最大限入手可能な科学情報にもとづいて、少なくとも沿岸域および海域の10パーセントを保全する。	14.5.1	海域に関する保護領域の範囲
14.6	開発途上国および後発開発途上国に対する適切かつ効果的な、特別かつ異なる待遇が、世界貿易機関（WTO）漁業補助金交渉の不可分の要素であるべきこ	14.6.1	IUU漁業（Illegal（違法）・Unreported（無報告）・Unregulated（無規制））と対峙することを目的としている国際的な手段の実施状況

	とを認識した上で、2020年までに、過剰漁獲能力や過剰漁獲につながる漁業補助金を禁止し、違法・無報告・無規制（IUU）漁業につながる補助金を撤廃し、同様の新たな補助金の導入を抑制する。		
14.7	2030年までに、漁業、水産養殖および観光の持続可能な管理などを通じ、小島嶼開発途上国および後発開発途上国の海洋資源の持続的な利用による経済的便益を増大させる。	14.7.1	小島嶼開発途上国、後発開発途上国およびすべての国々のGDPに占める持続可能な漁業の割合
14.a	海洋の健全性の改善と、開発途上国、特に小島嶼開発途上国および後発開発途上国の開発における海洋生物多様性の寄与向上のために、海洋技術の移転に関するユネスコ政府間海洋学委員会の基準・ガイドラインを勘案しつつ、科学的知識の増進、研究能力の向上、および海洋技術の移転を行なう。	14.a.1	総研究予算額に占める、海洋技術分野に割り当てられた研究予算の割合
14.b	小規模・沿岸零細漁業者に対し、海洋資源および市場へのアクセスを提供する。	14.b.1	小規模・零細漁業のためのアクセス権を認識し保護する法令／規制／政策／制度枠組みの導入状況
14.c	「我々の求める未来」のパラ158において想起されるとおり、海洋および海洋資源の保全および持続可能な利用のための法的枠組みを規定する海洋法に関する国際連合条約（UNCLOS）に反映されている国際法を実施することにより、海洋および海洋資源の保全および持続可能な利用を強化する。	14.c.1	海洋および海洋資源の保全と持続可能な利用のために「海洋法に関する国際連合条約（UNCLOS）」に反映されているとおり、国際法を実施する海洋関係の手段を、法、政策、機関的枠組みを通して、批准、導入、実施を推進している国の数

Goal15	陸域生態系の保護、回復、持続可能な利用の推進、持続可能な森林の経営、砂漠化への対処、ならびに土地の劣化の阻止・回復および生物多様性の損失を阻止する		
ターゲット		指　標	
15.1	2020年までに、国際協定の下での義務に則って、森林、湿地、山地および乾燥地をはじめとする陸域生態系と内陸淡水生態系およびそれらのサービスの保全、回復および持続可能な利用を確保する。	15.1.1	土地全体に対する森林の割合
		15.1.2	陸生および淡水性の生物多様性に重要な場所のうち保護区で網羅されている割合（保護地域、生態系のタイプ別）
15.2	2020年までに、あらゆる種類の森林の持続可能な経営の実施を促進し、森林減少を阻止し、劣化した森林を回復し、世界全体で新規植林および再植林を大幅に増加させる。	15.2.1	持続可能な森林経営における進捗
15.3	2030年までに、砂漠化に対処し、砂漠化、干ばつおよび洪水の影響を受けた土地などの劣化した土地と土壌を回復し、土地劣化に荷担しない世界の達成に尽力する。	15.3.1	土地全体のうち劣化した土地の割合
15.4	2030年までに持続可能な開発に不可欠な便益をもたらす山地生態系の能力を強化するため、生物多様性を含む山地生態系の保全を確実に行なう。	15.4.1	山地生物多様性のための重要な場所に占める保全された地域の範囲
		15.4.2	山地グリーンカバー指数
15.5	自然生息地の劣化を抑制し、生物多様性の損失を阻止し、2020年までに絶滅危惧種を保護し、また絶滅防止するための緊急かつ意味のある対策を講じる。	15.5.1	レッドリスト指数
15.6	国際合意にもとづき、遺伝資源の利用から生ずる利益の公正かつ衡平な配分を推進するとともに、遺伝資源への適切なアクセスを推進する。	15.6.1	利益の公正かつ衡平な配分を確保するための立法上、行政上および政策上の枠組みを持つ国の数
15.7	保護の対象となっている動植物	15.7.1	密猟された野生生物または違法

	種の密猟および違法取引を撲滅するための緊急対策を講じるとともに、違法な野生生物製品の需要と供給の両面に対処する。		に取引された野生生物の取引の割合 （指標15.c.1と同一指標）
15.8	2020年までに、外来種の侵入を防止するとともに、これらの種による陸域・海洋生態系への影響を大幅に減少させるための対策を導入し、さらに優先種の駆除または根絶を行なう。	15.8.1	外来種に関する国内法を採択しており、侵略的外来種の防除や制御に必要な資金等を確保している国の割合
15.9	2020年までに、生態系と生物多様性の価値を、国や地方の計画策定、開発プロセスおよび貧困削減のための戦略および会計に組み込む。	15.9.1	生物多様性戦略計画2011-2020の愛知目標の目標２に従って設定された国内目標に対する進捗
15.a	生物多様性と生態系の保全と持続的な利用のために、あらゆる資金源からの資金の動員および大幅な増額を行なう。	15.a.1	生物多様性および生態系の保全と持続的な利用に係るODA並びに公的支出 （指標15.b.1と同一指標）
15.b	保全や再植林を含む持続可能な森林経営を推進するため、あらゆるレベルのあらゆる供給源から、持続可能な森林経営のための資金の調達と開発途上国への十分なインセンティブ付与のための相当量の資源を動員する。	15.b.1	生物多様性および生態系の保全と持続的な利用に係るODA並びに公的支出 （指標15.a.1と同一指標）
15.c	持続的な生計機会を追求するために地域コミュニティの能力向上を図る等、保護種の密猟および違法な取引に対処するための努力に対する世界的な支援を強化する。	15.c.1	密猟された野生生物または違法に取引された野生生物の取引の割合 （指標15.7.1と同一指標）

Goal16	持続可能な開発のための平和で包摂的な社会を促進し、すべての人々に司法へのアクセスを提供し、あらゆるレベルにおいて効果的で説明責任のある包摂的な制度を構築する		
ターゲット		指　標	
16.1	あらゆる場所において、すべての形態の暴力および暴力に関連	16.1.1	10万人当たりの意図的な殺人行為による犠牲者の数（性別、年

	する死亡率を大幅に減少させる。		齢別)
		16.1.2	10万人当たりの紛争関連の死者の数(性別、年齢、原因別)
		16.1.3	過去12か月において (a)身体的暴力、(b)精神的暴力、(c)性的暴力を受けた人口の割合
		16.1.4	自身の居住区地域を一人で歩いても安全と感じる人口の割合
16.2	子供に対する虐待、搾取、取引およびあらゆる形態の暴力および拷問を撲滅する。	16.2.1	過去1か月における保護者等からの身体的な暴力および/または心理的な攻撃を受けた1歳~17歳の子供の割合
		16.2.2	10万人当たりの人身取引の犠牲者の数(性別、年齢、搾取形態別)
		16.2.3	18歳までに性的暴力を受けた18歳~29歳の若年女性および男性の割合
16.3	国家および国際的なレベルでの法の支配を促進し、すべての人々に司法への平等なアクセスを提供する。	16.3.1	過去12か月間に暴力を受け、所管官庁またはその他の公的に承認された紛争解決機構に対して、被害を届け出た者の割合
		16.3.2	刑務所の総収容者数に占める判決を受けていない勾留者の割合
16.4	2030年までに、違法な資金および武器の取引を大幅に減少させ、奪われた財産の回復および返還を強化し、あらゆる形態の組織犯罪を根絶する。	16.4.1	内外の違法な資金フローの合計額(USドル)
		16.4.2	国際的な要件に従い、所管当局によって、発見/押収された武器で、その違法な起源または流れが追跡/立証されているものの割合
16.5	あらゆる形態の汚職や贈賄を大幅に減少させる。	16.5.1	過去12か月間に公務員に賄賂を支払ったまたは公務員より賄賂を要求されたことが少なくとも1回はあった人の割合
		16.5.2	過去12か月間に公務員に賄賂を支払ったまたは公務員より賄賂

			を要求されたことが少なくとも１回はあった企業の割合
16.6	あらゆるレベルにおいて、有効で説明責任のある透明性の高い公共機関を発展させる。	16.6.1	当初承認された予算に占める第一次政府支出（部門別、(予算別または類似の分類別))
		16.6.2	最後に利用した公共サービスに満足した人の割合
16.7	あらゆるレベルにおいて、対応的、包摂的、参加型および代表的な意思決定を確保する。	16.7.1	国全体における分布と比較した、国・地方の公的機関（(a)議会、(b)公共サービスおよび(c)司法を含む。）における性別、年齢別、障害者別、人口グループ別の役職の割合
		16.7.2	国の政策決定過程が包摂的であり、かつ応答性を持つと考える人の割合（性別、年齢別、障害者および人口グループ別）
16.8	グローバル・ガバナンス機関への開発途上国の参加を拡大・強化する。	16.8.1	国際機関における開発途上国のメンバー数および投票権の割合（指標10.6.1と同一指標）
16.9	2030年までに、すべての人々に出生登録を含む法的な身分証明を提供する。	16.9.1	５歳以下の子供で、行政機関に出生登録されたものの割合（年齢別）
16.10	国内法規および国際協定に従い、情報への公共アクセスを確保し、基本的自由を保障する。	16.10.1	過去12か月間にジャーナリスト、メディア関係者、労働組合員および人権活動家の殺害、誘拐、強制失踪、恣意的拘留および拷問について立証された事例の数
		16.10.2	情報へのパブリックアクセスを保障した憲法、法令、政策の実施を採択している国の数
16.a	特に開発途上国において、暴力の防止とテロリズム・犯罪の撲滅に関するあらゆるレベルでの能力構築のため、国際協力などを通じて関連国家機関を強化する。	16.a.1	パリ原則に準拠した独立した国内人権機関の存在の有無
16.b	持続可能な開発のための非差別的な法規および政策を推進し、	16.b.1	国際人権法の下で禁止されている差別の理由において、過去12

	実施する。		か月の間に差別または嫌がらせを個人的に感じたと報告した人口の割合

Goal17	持続可能な開発のための実施手段を強化し、グローバル・パートナーシップを活性化する		
ターゲット		指　標	
17.1	資金／Finance 課税および徴税能力の向上のため、開発途上国への国際的な支援なども通じて、国内資源の動員を強化する。	17.1.1	GDPに占める政府収入合計の割合（収入源別）
		17.1.2	国内予算における、自国内の税収が資金源となっている割合
17.2	先進国は、開発途上国に対するODAをGNI比0.7％に、後発開発途上国に対するODAをGNI比0.15～0.20％にするという目標を達成するとの多くの国によるコミットメントを含むODAに係るコミットメントを完全に実施する。ODA供与国が、少なくともGNI比0.20％のODAを後発開発途上国に供与するという目標の設定を検討することを奨励する。	17.2.1	OECD／DACによる寄与のGNIに占める純ODA総額および後発開発途上国を対象にした額
17.3	複数の財源から、開発途上国のための追加的資金源を動員する。	17.3.1	海外直接投資（FDI）、ODAおよび南南協力の国内総予算に占める割合
		17.3.2	GDP総額に占める送金額（USドル）
17.4	必要に応じた負債による資金調達、債務救済および債務再編の促進を目的とした協調的な政策により、開発途上国の長期的な債務の持続可能性の実現を支援し、重債務貧困国（HIPC）の対外債務への対応により債務リスクを軽減する。	17.4.1	財およびサービスの輸出額に対する債務の割合
17.5	後発開発途上国のための投資促進枠組みを導入および実施する。	17.5.1	後発開発途上国のための投資促進枠組みを導入および実施して

			いる国の数
17.6	**技術／Technology** 科学技術イノベーション（STI）およびこれらへのアクセスに関する南北協力、南南協力および地域的・国際的な三角協力を向上させる。また、国連レベルをはじめとする既存のメカニズム間の調整改善や、全世界的な技術促進メカニズムなどを通じて、相互に合意した条件において知識共有を進める。	17.6.1	各国間における科学技術協力協定および計画の数（協力形態別）
		17.6.2	100人当たりの固定インターネットブロードバンド契約数（回線速度別）
17.7	開発途上国に対し、譲許的・特恵的条件などの相互に合意した有利な条件の下で、環境に配慮した技術の開発、移転、普及および拡散を促進する。	17.7.1	環境に配慮した技術の開発、移転、普及および拡散の促進を目的とした開発途上国のための承認された基金の総額
17.8	2017年までに、後発開発途上国のための技術バンクおよび科学技術イノベーション能力構築メカニズムを完全運用させ、情報通信技術（ICT）をはじめとする実現技術の利用を強化する。	17.8.1	インターネットを使用している個人の割合
17.9	**能力構築／Capacity-building** すべての持続可能な開発目標を実施するための国家計画を支援するべく、南北協力、南南協力および三角協力などを通じて、開発途上国における効果的かつ的をしぼった能力構築の実施に対する国際的な支援を強化する。	17.9.1	開発途上国にコミットした財政支援額および技術支援額（南北、南南および三角協力を含む）（ドル）
17.10	**貿易／Trade** ドーハ・ラウンド（DDA）交渉の受諾を含むWTOの下での普遍的でルールにもとづいた、差別的でない、公平な多角的貿易体制を促進する。	17.10.1	世界中で加重された関税額の平均
17.11	開発途上国による輸出を大幅に増加させ、特に2020年までに世界の輸出に占める後発開発途上	17.11.1	世界の輸出額シェアに占める開発途上国と後発開発途上国の割合

	国のシェアを倍増させる。		
17.12	後発開発途上国からの輸入に対する特恵的な原産地規則が透明で簡略的かつ市場アクセスの円滑化に寄与するものとなるようにすることを含む世界貿易機関（WTO）の決定に矛盾しない形で、すべての後発開発途上国に対し、永続的な無税・無枠の市場アクセスを適時実施する。	17.12.1	開発途上国、後発開発途上国および小島嶼開発途上国が直面している関税の平均
17.13	**体制面／Systemic issues** **政策・制度的整合性／Policy and institutional coherence** 政策協調や政策の首尾一貫性などを通じて、世界的なマクロ経済の安定を促進する。	17.13.1	マクロ経済ダッシュボード
17.14	持続可能な開発のための政策の一貫性を強化する。	17.14.1	持続可能な開発の政策の一貫性を強化するためのメカニズムがある国の数
17.15	貧困撲滅と持続可能な開発のための政策の確立・実施にあたっては、各国の政策空間およびリーダーシップを尊重する。	17.15.1	開発協力提供者ごとの、その国の持つ結果枠組みおよび計画ツールの利用範囲
17.16	**マルチステークホルダー・パートナーシップ／Multi-stakeholder partnerships** すべての国々、特に開発途上国での持続可能な開発目標の達成を支援すべく、知識、専門的知見、技術および資金源を動員、共有するマルチステークホルダー・パートナーシップによって補完しつつ、持続可能な開発のためのグローバル・パートナーシップを強化する。	17.16.1	持続可能な開発目標の達成を支援するマルチステークホルダー開発有効性モニタリング枠組みにおいて進捗を報告する国の数
17.17	さまざまなパートナーシップの経験や資源戦略を基にした、効果的な公的、官民、市民社会のパートナーシップを奨励・推進する。	17.17.1	(a)官民パートナーシップにコミットしたUSドルの総額 (b)市民社会パートナーシップにコミットしたUSドルの総額

17.18	**データ、モニタリング、説明責任／Data, monitoring and accountability** 2020年までに、後発開発途上国および小島嶼開発途上国を含む開発途上国に対する能力構築支援を強化し、所得、性別、年齢、人種、民族、居住資格、障害、地理的位置およびその他各国事情に関連する特性別の質が高く、タイムリーかつ信頼性のある非集計型データの入手可能性を向上させる。	17.18.1	公的統計の基本原則に従い、ターゲットに関する場合に、各国レベルで完全に詳細集計されて作成されたSDG指標の割合
		17.18.2	公的統計の基本原則に準じた国家統計法のある国の数
		17.18.3	十分な資金提供とともに実施されている国家統計計画を持つ国の数（資金源別）
17.19	2030年までに、持続可能な開発の進捗状況を測るGDP以外の尺度を開発する既存の取組みをさらに前進させ、開発途上国における統計に関する能力構築を支援する。	17.19.1	開発途上国における統計能力の強化のために利用可能となった資源のドル額
		17.19.2	a）少なくとも過去10年に人口・住宅センサスを実施した国の割合 b）出生届が100％登録され、死亡届が80％登録された国の割合

3 本文内容が詳しくわかる資料、サイト

本文中で［○］とあるのは、筆者がそれを調べた資料、サイトがあり、ご参考までにその一覧をあげておきました。本文中の記述についてその根拠を知りたい場合には、以下の資料、サイトから確認、検索いただければ幸いです。

［1］ 外務省, https://www.mofa.go.jp/mofaj/gaiko/kankyo/sogo/kaihatsu.html.［アクセス日：2020.2.15］.

［2］ THE WORLD BANK, "Regional aggregation using 2011 PPP and $1.9/day poverty line," http://iresearch.worldbank.org/PovcalNet/povDuplicateWB.aspx.［アクセス日：2020.2.5］.

［3］ 公益社団法人国際農林業協働協会, "世界の食料安全保障と栄養の現状2018報告(要約版)", https://www.jaicaf.or.jp/fileadmin/user_upload/publications/FY2018/SOFI2018-J.pdf［アクセス日：2020.7.5］.

［4］ 外務省, "Transforming our world: the 2030 Agenda for Sustainable Development(我々の世界を変革する：持続可能な開発のための2030アジェンダ(仮訳))", https://www.mofa.go.jp/mofaj/files/000101402.pdf［アクセス日：2020.7.5］

［5］ 国際連合, "国連ミレニアム開発目標報告 2015　MDGs達成に対する最終評価", https://www.unic.or.jp/files/e530aa2b8e54dca3f48fd84004cf8297.pdf［アクセス日：2020.7.5］

［6］ アントニオ・グテーレス，“第74回国連総会でのアントニオ・グテーレス国連事務総長演説（ニューヨーク、2019年９月24日）プレスリリース 19-088-J,” https://www.unic.or.jp/news_press/messages_speeches/sg/34968/.［アクセス日：2020.3.10］.

［7］ 国連広報センター（UNIC Tokyo），“国連気候行動サミットにおけるグレタ・トゥーンベリさんのスピーチ（日本語字幕版）”，https://www.youtube.com/watch?v=vtPnsH_ZdSA
［アクセス日：2020.7.5］

［8］ D. J. Trump, https://twitter.com/realDonaldTrump/status/1176339522113679360?s=20.［アクセス日：2020.3.10］.

［9］ D. J. Trump, https://twitter.com/realDonaldTrump/status/1205100602025545730?s=20.［アクセス日：2020.3.10］.

［10］ World Economic forum, “The Global Risks Report 2020”, https://www.weforum.org/reports/the-global-risks-report-2020［アクセス日：2020.7.5］

［11］ 国際連合広報センター，“プレスリリース 12-039-J　事務総長、ポスト2015年開発アジェンダに関するハイレベル・パネルのメンバーを任命，” https://www.unic.or.jp/news_press/features_backgrounders/2410/［アクセス日2020.7.5］

［12］ 国際連合広報センター，“プレスリリース 13-034-Jポスト2015開発アジェンダ：ハイレベル・パネルの提言とは？，” https://www.unic.or.jp/news_press/features_backgrounders/4297/.［アクセス日：2020.5.4］.

［13］ World Economic Forum, “World Economic Forum Annual

Meeting (Tackling Climate, Development and Growth)," https://www.weforum.org/events/world-economic-forum-annual-meeting-2015/sessions/tackling-climate-development-and-growth. [アクセス日：2020.5.5].

[14] 国際連合広報センター, "強靭な人々、強靭な地球：選択に値する未来", https://www.unic.or.jp/files/a_66_700.pdf [アクセス日：2020.7.5]

[15] 独立行政法人国際協力機構, "投資家の皆様へ," https://www.jica.go.jp/investor/index.html. [アクセス日：2020.5.6].

[16] ユニリーバ・ジャパン, https://www.unilever.co.jp/about/who-we-are/our-history/. [アクセス日：2020.5.6].

[17] Unilever Bangladesh, "UNDP and Unilever sign MoU to work together on SDGs," https://www.unilever.com.bd/news/news-and-features/2018/undp-and-unilever-sign-mou-to-work-together-on-SDGs.html. [アクセス日：2020.5.6].

[18] PRI Association, https://www.unpri.org/. [アクセス日：2020.3.15].

[19] 年金積立金管理運用独立行政法人(GPIF), "2019年度第3四半期運用状況(速報)", https://www.gpif.go.jp/operation/pdf/2019-Q3-0207-Jp_035988.pdf [アクセス日：2020.7.5]

[20] 年金積立金管理運用独立行政法人(GPIF), "年金積立金管理運用独立行政法人の投資原則", https://www.gpif.go.jp/about/philosophy_03.pdf [アクセス日：2020.7.5]

［21］ 年金積立金管理運用独立行政法人(GPIF), “2018年度ESG活動報告”, https://www.gpif.go.jp/investment/190819_Esg_Katudohoukoku.pdf［アクセス日：2020.7.5］

［22］ 年金積立金管理運用独立行政法人(GPIF), “よくあるご質問08年金積立金管理運用独立行政法人は自ら運用を行っているのですか。,” https://www.gpif.go.jp/gpif/faq/faq_08.html.［アクセス日：2020.4.17].

［23］ MSCI Inc., “MSCI日本株女性活躍指数(セレクト),” https://www.msci.com/msci-japan-empowering-women-select-index-jp.［アクセス日：2020.4.17].

［24］ Arabella Advisors, “The Global Fossil Fuel Divestment and Clean Energy Investment Movement 2018 Report,” https://www.arabellaadvisors.com/wp-content/uploads/2018/09/Global-Divestment-Report-2018.pdf［アクセス日：2020.7.5］

［25］ Norges Bank Investment Management, “Observation and exclusion of companies,” https://www.nbim.no/en/the-fund/responsible-investment/exclusion-of-companies/.［アクセス日：2020.3.17].

［26］ MSCI Inc., “MSCI日本株女性活躍指数(WIN)”, https://www.msci.com/msci-japan-empowering-women-index-jp［アクセス日：2020.7.5］

［27］ 経済産業省 資源エネルギー庁, “平成30年度エネルギーに関する年次報告(エネルギー白書2019)”, https://www.enecho.meti.go.jp/about/whitepaper/2019pdf/［アクセス日：2020.7.5］

[28] AXA, “AXA accelerates its commitment to fight climate change”, https://www-axa-com.cdn.axa-contento-118412.eu/www-axa-com%2F51802791-de2c-42fd-ac46-7f521e18a5d2_axa_pr_2017_12_12.pdf [アクセス日：2020.7.5]

[29] 環境省, “1.5℃報告書(2019年８月１日版環境省仮訳),” http://www.env.go.jp/earth/ipcc/special_reports/sr1-5c_spm.pdf. [アクセス日：2020.4.5]

[30] 日本気候リーダーズ・パートナーシップ　JCLP事務局, “日本気候リーダーズ・パートナーシップ(JCLP),” https://japan-clp.jp/. [アクセス日：2020.6.5].

[31] 株式会社日本取引所グループ, “上場会社数・上場株式数,” https://www.jpx.co.jp/listing/co/index.html. [アクセス日：2020.4.5].

[32] 国税庁, “平成29年度分会社標本調査”https://www.nta.go.jp/publication/statistics/kokuzeicho/kaishahyohon2017/pdf/h29.pdf [アクセス日2020.7.5]

[33] 中小企業庁, “2019年版中小企業白書”, https://www.chusho.meti.go.jp/pamflet/hakusyo/2019/PDF/2019_pdf_mokujityuu.htm [アクセス日：2020.7.5]

[34] 中小企業庁, “2019年版中小企業白書”, https://www.chusho.meti.go.jp/pamflet/hakusyo/2019/PDF/2019_pdf_mokujityuu.htm [アクセス日：2020.7.5]

[35] トヨタ自動車株式会社, “トヨタ環境チャレンジ2050,” https://global.toyota/jp/sustainability/esg/challenge2050/.

［アクセス日：2020.6.5］.

［36］ トヨタ自動車株式会社,“トヨタグリーン調達ガイドライン,” https://global.toyota/pages/global_toyota/sustainability/esg/toyota_green_purchasing_guidelines_jp.pdf. ［アクセス日：2020.6.5］.

［37］ トヨタ自動車株式会社,“トヨタ環境チャレンジ2050 2025年目標—第7次「トヨタ環境取組プラン」—,” https://global.toyota/pages/global_toyota/sustainability/esg/seventh_environmental_action_plan_jp.pdf. ［アクセス日：2020. 6.5］.

［38］ 日産自動車株式会社,“ニッサン・グリーン調達ガイドライン,” https://www.nissan-global.com/JP/DOCUMENT/PDF/SR/Nissan_Green_Purchasing_Guideline_j.pdf. ［アクセス日：2020.6.5］.

［39］ 日産自動車株式会社,“ニッサン・グリーンプログラム2022,” https://www.nissan-global.com/JP/ENVIRONMENT/GREENPROGRAM/FRAMEWORK/. ［アクセス日：2020.6.5］.

［40］ フォルクスワーゲングループジャパン株式会社,“Media Information「フォルクスワーゲン グループ、環境ビジョン「goTOzero」を定義」,” https://www.volkswagen.co.jp/content/dam/vw-ngw/vw_pkw/importers/jp/volkswagen/news/2019/info190722_1_web.pdf/_jcr_content/renditions/original./info190722_1_web.pdf. ［アクセス日：2020.6.5］.

［41］ Daimler AG, “Ambition2039: Our path to sustainable mobility,” https://www.daimler.com/investors/reports-news/financial-news/20190513-ambition-2039.html.

［アクセス日：2020.6.5］.

［42］ トヨタ自動車株式会社, "アニュアルレポート 2018," https://global.toyota/jp/ir/library/annual/archives/
［アクセス日：2020.7.5］.

［43］ International Energy Agency (IEA), "Data and statistics," https://www.iea.org/data-and-statistics?country=WORLD&fuel=CO2%20emissions&indicator=CO2%20emissions%20by%20sector.［アクセス日：2020.5.10］.

［44］ European Union, "Reducing CO_2 emissions from passenger cars - before 2020," https://ec.europa.eu/clima/policies/transport/vehicles/cars_en.［アクセス日：2020.6.6］.

［45］ European Union, "CO_2 emission performance standards for cars and vans (2020 onwards)," https://ec.europa.eu/clima/policies/transport/vehicles/regulation_en.
［アクセス日：2020.6.6］.

［46］ アユダンテ株式会社, "EVsmartブログ「EUで巨額の罰金に直面する自動車メーカーをPAコンサルティングが予測」," https://blog.evsmart.net/electric-vehicles/top-car-oems-will-face-14-5bn-fines-in-eu/.［アクセス日：2020.6.6］.

［47］ PA Knowledge Limited, "PA Consulting's analysis shows top car makers will face? 14.5bn fines for missing the EU's CO? emissions targets," https://www. paconsulting.com/newsroom/releases/pa-consultings-analysis-shows-top-car-makers-will-face-14.5bn-fines-for-missing-the-eus-co-emissions-targets-13-january-2020/.［アクセス日：2020.6.6］.

[48] Prime Minister's Office,UK, "Press release "PM launches UN Climate Summit in the UK","https://www.gov.uk/government/news/pm-launches-un-climate-summit-in-the-uk. [アクセス日：2020.6.10].

[49] Department of Transport, UK, "The Road to Zero", https://assets.publishing.service.gov.uk/government/uploads/system/uploads/attachment_data/file/739460/road-to-zero.pdf. [アクセス日：2020.6.10].

[50] Government, France, "Climate Plan", https://www.gouvernement.fr/en/climate-plan. [アクセス日：2020.6.10].

[51] Government of Ireland, "CLIMATE ACTION PLAN 2019", https://static.rasset.ie/documents/news/2019/06/climate-action-plan.pdf. [アクセス日：2020.6.10].

[52] Norwegian Ministryof Climate and Environment, "Norway's National Plan," https://www.regjeringen.no/contentassets/4e0b25a4c30140cfb14a40f54e7622c8/national-plan-2030_version19_desember.pdf. [アクセス日：2020.6.10].

[53] Government of the Nethrlands, "Measures to reduce greenhouse gas emissions," https://www.government.nl/topics/climate-change/national-measures.
[アクセス日：2020.6.10].

[54] Government of Sweden, "Statement of Government Policy," https://www.government.se/48f689/globalassets/government/dokument/regeringskansliet/statement-of-government-policy-20192.pdf. [アクセス日：2020.6.10].

[55] 経済産業省,"乗用車の2030年度燃費基準を策定しました," https://www.meti.go.jp/press/2019/03/20200331013/20200331013.html. [アクセス日:2020.6.6].

[56] 外務省,"JAPAN SDGs Action Platform," https://www.mofa.go.jp/mofaj/gaiko/oda/SDGs/award/index.html. [アクセス日:2020.3.17].

[57] 外務省,"Japan SDGs Action Platform," https://www.mofa.go.jp/mofaj/gaiko/oda/SDGs/award/index.html. [アクセス日:2020.6.11].

[58] 地方創生SDGs・ESG金融調査・研究会,"地方創生に向けたSDGs金融の推進のための基本的な考え方," https://www.kantei.go.jp/jp/singi/tiiki/kankyo/kaigi/pdf/SDGs_kinyu_basic_way_of_thinking.pdf. [アクセス日:2020.6.6].

[59] 地方創生SDGs金融調査・研究会,"地方創生SDGs金融の官民連携のパートナーシップによる自律的好循環形成に向けて," https://www.kantei.go.jp/jp/ singi/tiiki/kankyo/kaigi/dai20/SDGs_hyoka20_sanko11-1.pdf. [アクセス日:2020.6.6].

[60] Starbucks Corporation, "Straws are out, lids are in:Starbucks announces environmental milestone," https://stories.starbucks.com/stories/2018/starbucks-announces-environmental-milestone/. [アクセス日:2020.6.6].

[61] Press and Information Office of the Federal Government, Germany "G7 Presidency 2015 Final Report by the Federal Government on the G7 Presidency 2015" https://www.g7germany.de/Content/EN/_Anlagen/G7/2016-01-20-g7-

abschluss-eng_en___blob=publicationFile&v=4.pdf
［アクセス日：2020.7.5］

［62］ Ocean Conservancy, “The Beach AND BEYOND 2019 Report,” https://oceanconservancy.org/wp-content/uploads/2019/09/Final-2019-ICC-Report.pdf
［アクセス日：2020.7.5］

［63］ Sea Turtle Biologist, “Sea Turtle with Straw up its Nostril-“NO” TO PLASTIC STRAWS,” https://youtu.be/4wH878t78bw?t=6. ［アクセス日：2020.5.15］.

［64］ NHK, “NHK for School ウミガメが食べたごみ,” https://www2.nhk.or.jp/school/movie/clip.cgi?das_id=D0005402553_00000. ［アクセス日：2020.5.15］.

［65］ 東洋経済新報社, “東洋経済オンライン　新型コロナウイルス国内感染の状況,” https://toyokeizai.net/sp/visual/tko/covid19/. ［アクセス日：2020.6.6］.

［66］ UNITED NATIONS, “Sustainable Development Goals Decade of Action,” https://www.un.org/sustainabledevelopment/decade-of-action/. ［アクセス日：2020.5.15］.

［67］ Twitter, Inc., “#LoveWhereverYouWork,” https://blog.twitter.com/en_us/topics/company/2020/keeping-our-employees-and-partners-safe-during-coronavirus.html.
［アクセス日：2020.5.15］.

［68］ 首相官邸, “高度情報通信ネットワーク社会推進戦略本部（ＩＴ総合戦略本部）・官民データ活用推進戦略会議合同会議,”

https://www.kantei.go.jp/jp/98_abe/actions/202004/22it_kanmin.html. [アクセス日：2020.4.22].

[69] OECD, eurostat, "Oslo Manual 2018-Guidelines for Collecting, Reporting and Using Data on Innovation, 4th Edition - en," https://www.oecd.org/science/oslo-manual-2018-9789264304604-en.htm. [アクセス日：2020.6.8].

[70] 伊地知寛博, 文部科学省科学技術・学術政策研究所(NISTEP), "STI Horizon, Vol.5, No.1レポート『Oslo Manual 2018：イノベーションに関するデータの収集、報告及び利用のための指針』―更新された国際標準についての紹介―" https://www.nistep.go.jp/activities/sti-horizon%E8%AA%8C/vol-05no-01/stih00168 [アクセス日：2020.7.5]

[71] 文部科学省　科学技術・学術政策研究所, "第３回全国イノベーション調査報告," https://nistep.repo.nii.ac.jp/?action=pages_view_main&active_action=repository_view_main_item_detail&item_id=4483&item_no=1&page_id=13&block_id=21. [アクセス日：2020.6.11].

[72] 中小企業庁, "中小企業白書(2015)", p.148, https://www.chusho.meti.go.jp/pamflet/hakusyo/H27/PDF/h27_pdf_mokujityuu.html [アクセス日：2020.7.5]

[73] 厚生労働省, "リーフレット「働き方改革～一億総活躍社会の実現に向けて～」," https://www.mhlw.go.jp/content/000474499.pdf. [アクセス日：2020.5].

[74] 首相官邸, "働き方改革の実現（働き方改革実行計画（平成29年３月28日決定））," http://www.kantei.go.jp/jp/headline/

ichiokusoukatsuyaku/hatarakikata.html.
［アクセス日：2020.5.24］.

［75］ 厚生労働省,“「外国人雇用状況」の届出状況まとめ（令和元年10月末現在）,” https://www.mhlw.go.jp/stf/newpage_09109.html.［アクセス日：2020.4.4］.

［76］ 総務省統計局,“労働力調査,” https://www.stat.go.jp/data/roudou/index.html.［アクセス日：2020.4.2］.

［77］ 在日米国大使館・領事館,“2019年国別人権報告書―日本に関する部分,” https://jp.usembassy.gov/ja/human-rights-report-2019-ja/.［アクセス日：2020.4.24］.

［78］ 出入国在留管理庁,“技能実習制度における失踪問題への対応について” http://www.moj.go.jp/content/001311268.pdf
［アクセス日：2020.7.5］

［79］ 財団法人日本規格協会, JIS Z 26000：2012（ISO 26000：2010）社会的責任に関する手引, 2012.

［80］ H.I.S.SUPER 電力株式会社, https://www.his-power.jp/.
［アクセス日：2020.4.24］.

［81］ 財務省,“財務省貿易統計,” https://www.customs.go.jp/toukei/srch/index.htm?M=79&P=1,2,,,,2,,,,2,,2011,2019,,,3,40303,,,,,,,,,,1,,,,,,,,,,1,,,,,,,,,,,,.［アクセス日：2020.4.24］.

［82］ 認定特定非営利活動法人 FoE Japan,“【署名】ＨＩＳさん、熱帯林と若者の未来を破壊するパーム油発電をやめて！,” https://www.foejapan.org/forest/palm/190507.html.
［アクセス日：2020.6.8］.

[83] H.I.S. SUPER 電力株式会社, "2019.12.27　NHK BS1スペシャルで放送された番組内容の補足に関して(PDF)," https://www.his-power.jp/pdf/About_supplement_of_broadcasted_program_contents.pdf.［アクセス日：2020.6.8］.

[84] H.I.S. SUPER 電力株式会社, "2019.12.20　NHK BS1スペシャルの取材依頼に対する弊社回答全文(PDF)," https://www.his-power.jp/pdf/NHK_answer_sheet.pdf.
［アクセス日：2020.6.8］.

[85] トヨタ自動車株式会社, "Annual Report 2018," https://global.toyota/jp/ir/library/annual/archives/.
［アクセス日：2020.6.8］.

[86] 本橋真之、神八俊夫, "マツダ技報 No.35(2018)「サステイナブル"Zoom-Zoom"宣言2030」," https://origin.wwwmazdacom.mazda.com/globalassets/ja/assets/innovation/technology/gihou/2018/files/2018_no001.pdf.［アクセス日：2020.6.8］.

[87] Volkswagen, "Electric Vehicles with Lowest CO_2 Emissions," https://www.volkswagen-newsroom.com/en/press-releases/electric-vehicles-with-lowest-co2-emissions-4886.
［アクセス日：2020.6.8］.

[88] マツダ株式会社, "マツダ、2020年３月および2019年４月～2020年３月の生産・販売状況について(速報)," https://newsroom.mazda.com/ja/publicity/release/2020/202004/200428a.html.［アクセス日：2020.5.26］.

[89] トヨタ自動車株式会社, "トヨタ自動車75年史," https://www.toyota.co.jp/jpn/company/history/75years/data/

conditions/precepts/index.html.［アクセス日：2020.6.11］.

［90］ トヨタ自動車株式会社, “2020年３月期決算説明会,” https://global.toyota/jp/newsroom/corporate/32486196.html.［アクセス日：2020.6.10］.

森健人（もり　けんと）

1973年、愛知県生まれ。アイリスリサーチアンドサービス／アイリス行政書士事務所代表。コンサルタント／行政書士。愛知県商工会連合会エキスパート。家業の窯業事業者を経て、一部上場企業直系物流・環境専門会社等にて、安全／環境管理業務の企画運営を担当。2016年、独立。社員研修／コンテンツ提供等の教育サービスと許認可関連サービスを中心に事業を展開している。また、ＩＳＯ審査機関にて、審査リーダー（品質／環境／労働安全衛生）を務める。
ＳＤＧｓ関連では、中小企業／経営者団体／自治体等向けにサービスを展開。2020年に“SDGs × Communication”をキーワードにコンサルティングチーム“Irism Project”を立ち上げ、パートナーと共に活動の幅を広げている（提携先／パートナー随時募集中）。

【企業サイト】　https://iris-capls.jp
【サービスサイト】　https://irism.jp

ものづくり中小企業のためのＳＤＧｓ入門

2020年８月10日　初版発行

著　者　森健人
発行者　吉溪慎太郎
発行所　株式会社**アニモ出版**
〒162-0832 東京都新宿区岩戸町12 レベッカビル
TEL 03(5206)8505　FAX 03(6265)0130
http://www.animo-pub.co.jp/

 ISBN978-4-89795-240-6
印刷：文昇堂／製本：誠製本　Printed in Japan